2023
内蒙古自治区可再生能源发展报告

INNER MONGOLIA RENEWABLE ENERGY
DEVELOPMENT REPORT 2023

内蒙古自治区能源局
水电水利规划设计总院 编

·北京·

图书在版编目（CIP）数据

内蒙古自治区可再生能源发展报告. 2023 / 内蒙古自治区能源局，水电水利规划设计总院编. -- 北京：中国经济出版社，2023.9

ISBN 978-7-5136-7400-3

Ⅰ. ①内… Ⅱ. ①内… ②水… Ⅲ. ①再生能源–能源发展–研究报告–内蒙古–2023 Ⅳ. ① F426.2

中国国家版本馆 CIP 数据核字（2023）第 135816 号

策划编辑　姜　静
责任编辑　郑　潇
责任印制　马小宾

出版发行	中国经济出版社
印 刷 者	北京富泰印刷有限责任公司
经 销 者	各地新华书店
开　　本	889mm×1194mm　1/16
印　　张	7.75
字　　数	160 千字
版　　次	2023 年 9 月第 1 版
印　　次	2023 年 9 月第 1 次
定　　价	198.00 元

广告经营许可证　京西工商广字第 8179 号

中国经济出版社　网址 www.economyph.com　社址 北京市东城区安定门外大街 58 号　邮编 100011
本版图书如存在印装质量问题，请与本社销售中心联系调换（联系电话：010-57512564）

版权所有　盗版必究（举报电话：010-57512600）
国家版权局反盗版举报中心（举报电话：12390）　服务热线：010-57512564

编委会
Editorial Board

主　　任　　于海宇　李　昇

副主任　　陈　铮　刘　扬　张益国　辛颂旭

主　　编　　熊　力　王　杰　罗　咏　朱　朱　张云龙
　　　　　　　朱子钊　熊万能　洪　扬　任伟楠　胡日骅
　　　　　　　陈　龙　李炉锋　张家杭　张　文

副主编　　王沁东　张　涵　乔　勇　高　洁

审　　核　　张　敏　谢宏文　张佳丽　姜　海　李少彦
　　　　　　　李晓曦

前言
Foreword

　　能源是人类文明进步的基础和动力，关系国家安全和社会发展。国家提出的"四个革命、一个合作"能源安全新战略，开辟了中国特色能源发展新道路，为新时代中国能源发展指明了方向。中央财经委员会第九次会议提出，构建清洁低碳、安全高效的能源体系，控制化石能源总量，实施可再生能源替代行动，深化电力体制改革，构建以新能源为主体的新型电力系统。中国将加大国家自主贡献力度，采取更加有力的政策和措施，二氧化碳排放力争于 2030 年前达到峰值，努力争取 2060 年前实现碳中和。

　　2023 年是实施"十四五"规划承上启下的关键一年，为我国能源发展指明了前进方向，提供了根本遵循。面对复杂严峻的发展环境，内蒙古自治区聚焦党中央为内蒙古确定的战略定位和行动纲领，加强前瞻性思考、全局性谋划、战略性布局，坚定不移走以生态优先、绿色发展为导向的高质量发展新路子，加快建设"两个屏障、两个基地、一个桥头堡"。内蒙古自治区第十一次党代会报告提出"在全国率先建成以新能源为主体的能源供给体系、率先构建以新能源为主体的新型电力系统，到二〇二五年新能源装机规模超过火电装机规模、二〇三〇年新能源发电总量超过火电发电总量"，将全面推动能源和战略资源基地绿色低碳转型，打造全国乃至国际新能源产业高地。2022 年，可再生能源在优化能源结构中的作用不断增强，发展质量得到较大提升，一批可再生能源重大工程项目稳步推进，为能源领域稳投资、促发展发挥了关键作用。

　　1989 年，内蒙古自治区第一个风电场并网，标志着我国风电开发进入了商业运行的阶段；2008 年，内蒙古自治区第一个光伏项目并网。近年来，内蒙古自治区可再生能源发展规模显著提升，目前已形成以风电、光伏为主，水电和生物质发电为补充的多元化发展格局。截至 2022 年底，全自治区风电累计装机 4568 万 kW，占全国风电累计装机容量的 12.45%，持续多年居全国第一位；太阳能发电累计装机 1568 万 kW，占全国太阳能发电累计装机容量的 3.98%，居全国第十二位；全自治区风电、太阳能发电装机总量占全国风电、太阳能发电装机容量的 8.06%。能源结构更加清洁，自治区可再生能源装机占比达到 37.9%，可再生能源发电量占比为 21.3%，电力消纳形势持续向好。

《内蒙古自治区可再生能源发展报告 2023》由内蒙古自治区能源局和水电水利规划设计总院联合编写，全面总结了内蒙古自治区可再生能源发展成就，对标全国，分析研判未来发展趋势，为内蒙古自治区可再生能源发展提出切实可行的建议。在本报告编写过程中，得到各盟（市）能源主管部门、相关企业、有关机构的大力支持和指导，在此谨致衷心感谢。

内蒙古自治区能源局
水电水利规划设计总院
2023 年 1 月

目 录
Content

1 发展综述	1
1.1 2022年可再生能源发电装机容量	3
1.2 2022年可再生能源发电量	5
1.3 可再生能源非电利用	6

2 发展形势	9
2.1 世界可再生能源发展形势	11
2.2 中国可再生能源发展整体形势	11
2.3 内蒙古自治区可再生能源装机容量及发电量稳步增长	12
2.4 内蒙古自治区新能源呈现多元化发展趋势	14
2.5 内蒙古自治区推进新能源项目"标准地"建设	16
2.6 内蒙古自治区常规水电和抽水蓄能电站有序发展	16

3 风电	17
3.1 资源概况	19
3.2 发展现状	20
3.3 前期管理	25
3.4 投资建设	26
3.5 运行消纳	27
3.6 风电产业	29
3.7 发展趋势及特点	29
3.8 发展建议	31

4 太阳能发电	33
4.1 资源概况	35
4.2 发展现状	36
4.3 前期管理	41
4.4 投资建设	42
4.5 运行消纳	43
4.6 技术进步	45
4.7 发展趋势及特点	47
4.8 发展方向	48

5 常规水电及抽水蓄能	49
5.1 发展基础	51
5.2 发展现状	51
5.3 投资动态	52
5.4 建设管理	52
5.5 运行监测	52
5.6 技术进步	53
5.7 发展特点	53
5.8 发展趋势	53
5.9 发展建议	53

6 生物质能 — 55

- 6.1 资源概况 — 57
- 6.2 发展现状 — 57
- 6.3 前期管理 — 58
- 6.4 投资建设 — 60
- 6.5 运行消纳 — 60
- 6.6 技术进步 — 61
- 6.7 发展趋势及特点 — 61
- 6.8 发展建议 — 62

7 地热能 — 63

- 7.1 资源概况 — 65
- 7.2 发展现状 — 66
- 7.3 前期管理 — 68
- 7.4 发展特点 — 68
- 7.5 发展趋势 — 69
- 7.6 发展建议 — 69

8 新型储能 — 73

- 8.1 发展现状 — 75
- 8.2 重点项目 — 76
- 8.3 产业布局 — 76

9 氢能 — 79

- 9.1 发展现状 — 81
- 9.2 技术水平 — 82
- 9.3 发展趋势与特点 — 83
- 9.4 发展建议 — 83

10 市场化并网消纳新能源项目　　85

11 新能源开发布局与有序利用规划方案　　91

11.1	发展基础和形势	93
11.2	总体要求	93
11.3	风光资源潜力和发展目标	94
11.4	总体开发利用思路	96
11.5	开发布局和有序利用方案	97

12 政策要点　　101

| 12.1 | 综合类政策 | 103 |
| 12.2 | 可再生能源类政策 | 104 |

13 热点研究　　107

1 发展综述

1 发展综述

2022年，内蒙古自治区坚定不移走以生态优先、绿色发展为导向的高质量发展新路子，坚持保大局、为大局，坚决扛起保障国家能源安全重大政治责任，加快推动能源绿色低碳发展，全力以赴保障能源供应，为保障新冠疫情影响下的能源市场供应稳定、促进内蒙古经济社会发展作出重要贡献。2022年，内蒙古自治区持续加强能源生产供应，作为国家重要能源和战略资源基地的地位进一步巩固，能源作为自治区当家产业的地位进一步提升。能源保障能力持续加强，全年煤、电保供量均居全国第一位，电力总装机居全国第三位、发电量居全国第一位，新能源装机居全国第三位、发电量居全国第一位，全社会用电量居全国第六位。2022年，自治区能源结构更趋清洁，可再生能源发电并网装机容量占全自治区电力总装机容量的38.0%，全年可再生能源发电量占总发电量的21.3%。

2022年国家下达的内蒙古自治区非水可再生能源电力消纳责任权重最低值为21.9%，激励值为22.8%。2022年实际完成值为24.5%，超出2022年下达的非水可再生能源电力消纳责任权重最低值2.6个百分点。

1.1 2022年可再生能源发电装机容量

截至2022年底，内蒙古自治区各类电源总装机容量16915万kW，同比增长9.2%。其中火电装机容量10457万kW，同比增长6.8%；可再生能源发电装机容量6423万kW，同比增长12.9%。2022年可再生能源装机容量占全部电力装机容量的38.0%，同比提高1.2个百分点。在可再生能源装机中，水电装机容量241万kW（含抽水蓄能120万kW），同比持平；风电装机容量4568万kW，同比增长14.3%；太阳能发电装机容量1568万kW，同比增长11.0%；生物质发电装机容量46万kW，同比增长21.1%。各类电源装机容量变化及占比见表1.1、图1.1、图1.2。

表1.1 2022年和2021年各类电源累计装机容量

电源类型	装机容量/万kW		同比增长/%
	2022年	2021年	
总装机容量	16915	15487	9.2
可再生能源发电	6423	5688	12.9
风电	4568	3996	14.3

续表

电源类型	装机容量/万kW		同比增长/%
	2022年	2021年	
太阳能发电	1568	1412	11.0
水电	241	241	0.0
其中：抽水蓄能	120	120	0.0
生物质发电	46	38	21.1
火电	10457	9795	6.8
其他	35	3	1166.7

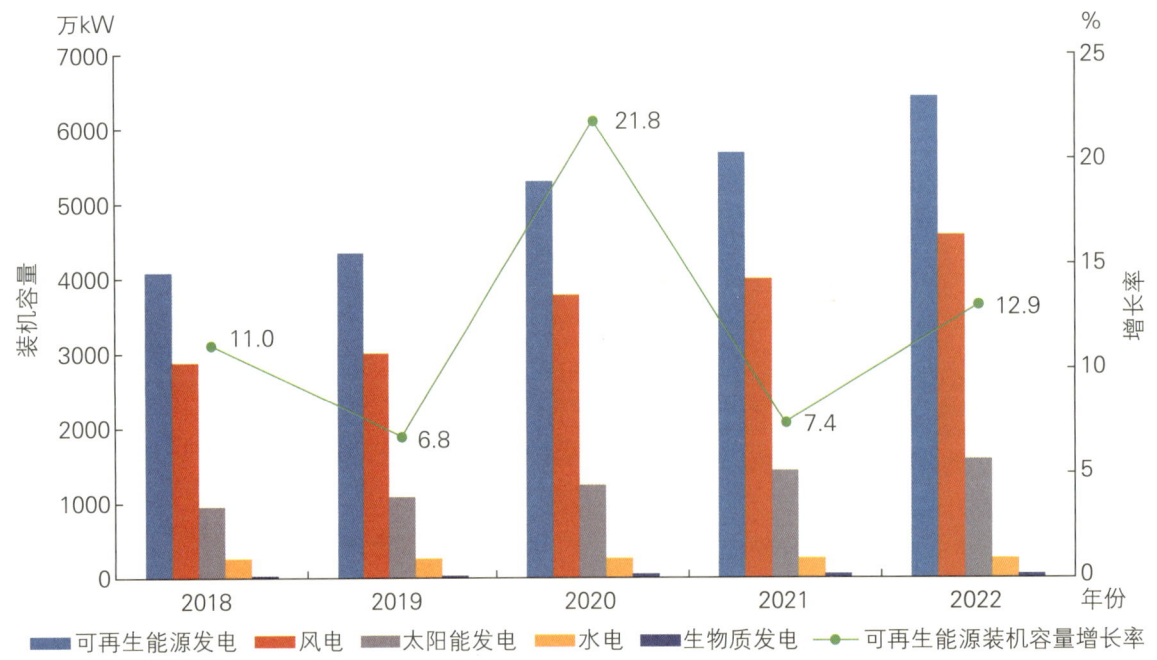

图 1.1　2018—2022 年可再生能源装机容量及增长率变化对比

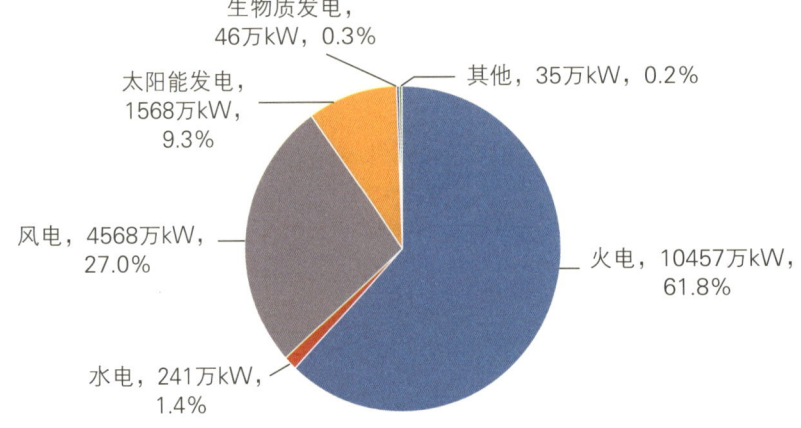

图 1.2　2022 年内蒙古自治区各类电源装机容量及占比

根据 2022 年《内蒙古自治区新能源开发布局与有序利用规划方案》的研究成果，全区新能源技术可开发量超过 10 亿 kW，蒙东地区风光资源可开发利用量占全区可开发规模的 9.2%，截至 2022 年底可再生能源发电装机规模为 1961 万 kW（风电装机规模 1497 万 kW、光伏装机规模 403 万 kW、水电装机规模 30 万 kW、生物质能装机规模 31 万 kW），约占蒙东电力总装机的 62%，2022 年蒙东可再生能源发电量 602 亿 kW·h，占蒙东总发电量的 40%。蒙西地区风光资源可开发利用量占全区可开发规模的 90.8%，截至 2022 年底可再生能源发电装机规模 4462 万 kW（风电装机规模 3070 万 kW、光伏装机规模 1156 万 kW、光热装机规模 10 万 kW、水电装机规模 211 万 kW、生物质能装机规模 15 万 kW），占蒙西电力总装机的 30%，2022 年可再生能源发电量 737 亿 kW·h，占蒙西总发电量的 15%。

截至 2022 年底，全自治区 6000kW 及以上各类电源发电装机容量 16784 万 kW，同比增长 9.0%，其中火电装机容量 10450 万 kW、水电装机容量 238 万 kW、风电装机容量 4564 万 kW、太阳能发电装机容量 1478 万 kW、生物质发电装机容量 46 万 kW。

1.2　2022 年可再生能源发电量

2022 年，内蒙古自治区各类电源全口径总发电量 6479 亿 kW·h，同比增长 7.8%，其中火电发电量 5101 亿 kW·h，可再生能源发电量 1378 亿 kW·h，占全部发电量的 21.3%，可再生能源年发电量相比 2021 年增长 9.9%。可再生能源发电量中，水电发电量 43 亿 kW·h、风电发电量 1077 亿 kW·h、太阳能发电量 245 亿 kW·h、生物质发电量 14 亿 kW·h。各类电源发电量变化及占比见表 1.2、图 1.3、图 1.4。

表 1.2　2022 年和 2021 年各类电源发电量一览表

电源类型	发电量 / 亿 kW·h		同比增长 /%
	2022 年	2021 年	
总发电量	6479	6010	7.8
可再生能源发电	1378	1254	9.9
风电	1077	967	11.4
太阳能发电	245	212	15.6
水电	43	62	-30.6
生物质发电	14	12	16.7
火电	5101	4756	7.3

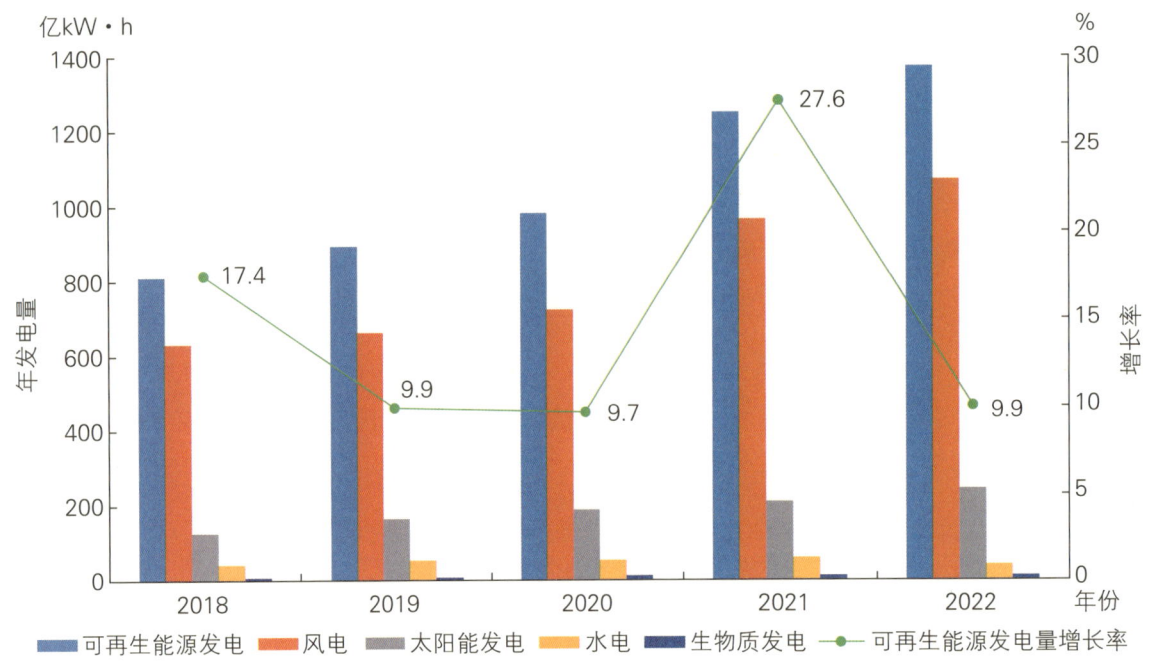

图 1.3　2018—2022 年可再生能源发电量及增长率变化对比

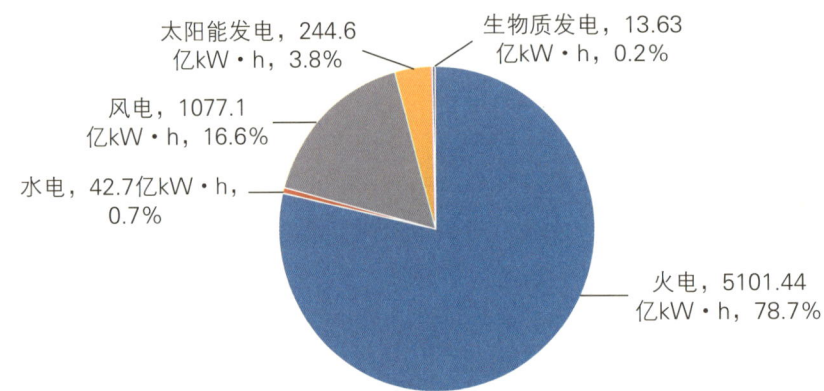

图 1.4　2022 年内蒙古自治区各类电源年发电量及占比

2022 年，全自治区 6000kW 及以上各类电源总发电量 6459 亿 kW·h，同比增长 7.7%，其中火电发电量 5100 亿 kW·h，可再生能源发电量 1359 亿 kW·h，占全部发电量的 21.0%。在可再生能源发电量中，水电发电量 42 亿 kW·h、风电发电量 1075 亿 kW·h、太阳能发电量 228 亿 kW·h、生物质发电量 13 亿 kW·h。

1.3　可再生能源非电利用

内蒙古自治区地热资源丰富，地热资源勘查逐步加强，但开发利用还处于初级阶段。在浅层地热开发利用方面，截至 2022 年底，全自治区以供暖（制冷）为主要利用方式；浅层地热开发利用总面积约 650 万 m^2，实现传统化石能源替代 29.8 万 t，二氧化碳减排量 21.5 万 t，但浅层地热规模的年均增长速度较慢。在中深层水热型地热开发利用方面，隆起山地型地热资源目前已得到开发利用，阿尔山温泉、克什克腾旗热水塘温泉、宁城县热水温泉、敖汉温泉及凉城岱海温泉均以康养、洗浴、度假旅游方式开展了开发利用，日接待能力超过 15000 人·次，供暖面积 100 万 m^2。近年来，全自治区沉积盆地型地热资源开发利用规模逐渐扩大，包括呼和浩特市土默特左旗、和林格尔新区、鄂尔多斯市杭锦旗、通辽市科左中旗、阿拉善盟额济纳旗等地，利用石油勘探井、地热勘查井开展了水热型地热资源开发利用研究。其中通辽科左中旗地热供暖项目的成功运行，标志着自治区首次成功建立了水热型地热资源开发利用示范工程，对全区清洁能源开发利用与"碳达峰碳中和"战略目标的实现具有重要意义。

在生物质非电利用方面，生物质天然气发展刚起步，自治区仅在通辽市有 1 处生物质天然气项目，产气规模达到 1080 万 m^3/a，年产有机肥 6.15 万 t。目前，生物质供热以热电联产为主，自治区利用生物质热电联产已实现 762 万 m^2 的清洁取暖。

2　发展形势

2 发展形势

2.1 世界可再生能源发展形势

全球能源危机正在推动可再生能源更急剧地加速发展，未来 5 年全球可再生能源总装机容量有望增长近一倍，在此期间将超过煤炭成为最大的发电来源，并有助于减缓全球变暖的速度。

2022 年，对俄乌冲突引发的能源安全担忧促使各国越来越多地转向以太阳能和风能为主的可再生能源，以减少对价格大幅飙升的进口化石燃料的依赖。IEA 在《2022 年可再生能源》报告中预测，2022—2027 年全球可再生能源装机容量将增长 2400GW，这一数字相当于中国目前全部电力装机容量。这一巨大的预期增长数量，比上一年所预测的增长量还要高出 30%。未来 5 年可再生能源装机将占全球新增电力的 90% 以上，到 2025 年初可再生能源将超过煤炭成为全球最大的电力来源。

俄乌冲突成为欧洲可再生能源命运的决定性因素，欧洲各国政府和企业都在寻找能迅速取代俄罗斯天然气的替代品。受能源安全问题和气候雄心的双重推动，预计 2022—2027 年欧洲新增的可再生能源容量将是前 5 年的两倍。如果欧盟成员国能迅速实施一系列政策，包括简化和缩短许可的时间、改进拍卖设计方案和提供更具可见性的拍卖时间表，以及改进支持屋顶太阳能的激励计划，则可以更快地部署风能和太阳能光伏。在欧洲之外，未来 5 年可再生能源新增装机容量有所提升，也同样离不开中国、美国和印度的推动，这些国家都在比之前计划更快地实施政策并引入监管和市场改革以应对能源危机。

2.2 中国可再生能源发展整体形势

中国可再生能源新增装机容量在 2022 年仍然保持了较快的增长趋势，未来 5 年仍将在全球保持领先地位。中国清洁能源进入全面"风光"时代，坚持集中式和分布式并举，大力提升风电、光伏发电规模，建设一批多能互补的清洁能源基地，同时加快发展分布式新能源。

为应对依旧严峻的国家能源安全保障形势和依旧突出的环境污染问题，以及日益增大的气候变化压力，国家提出推进能源生产和消费革命，构建清洁低碳、安全高效的现代能源体系，实施能源绿色发展战略，推动清洁能源成为能源增量主体。大力发展水能、风能、太阳能等可再生能源，构建高比例可再生能源体系是构建现代能源体系的重要路径，是优化能源结构、保障能源安全、推进生态文明建设的重要举措。

2022年是党的二十大胜利召开之年，党的二十大报告中提出，积极稳妥推进碳达峰碳中和，为我国能源发展指明了前进方向，提供了根本遵循。全国能源行业深入学习贯彻党的二十大精神，贯彻落实党中央、国务院决策部署，积极推动可再生能源实现新突破、迈上新台阶、进入新阶段。2022年的国务院政府工作报告指出，持续改善生态环境，推动绿色低碳发展是2022年政府重点工作任务，要求落实碳达峰行动方案，推动能源革命，确保能源供应，立足资源禀赋，坚持先立后破、通盘谋划，推进能源低碳转型。推进大型风光电基地及其配套调节性电源规划建设，加强抽水蓄能电站建设，提升电网对可再生能源发电的消纳能力。推动能耗"双控"向碳排放总量和强度"双控"转变，完善减污降碳激励约束政策，发展绿色金融，加快形成绿色低碳生产生活方式。

综合来看，伴随着中国能源生产和消费革命的加快推进，能源生产质量将逐步提高，能源消费基本保持稳定增长态势。在消费结构方面，可再生能源消费占比不断提升，在逐渐成为能源消费增量的主体的同时，逐步走向存量替代。在可再生能源生产方面，常规水电和抽水蓄能仍有较大的发展潜力和发展空间；随着技术进步、成本下降和系统灵活性提升，新能源逐渐成为可再生能源电力的增量主体，但总体来看，我国新能源发电量在全国总发电量中的占比仍低于世界平均水平。

2.3 内蒙古自治区可再生能源装机容量及发电量稳步增长

内蒙古自治区是国家重要能源和战略资源基地，在促进能源发展、保障能源生产方面发挥了重要作用，依托丰富的风能、太阳能等资源优势，积极推动能源结构调整，大力发展风电、太阳能发电等可再生能源。可再生能源是国家能源转型的重要组成部分和未来电力增量的主体，近年来，内蒙古自治区可再生能源发电装机容量和发电量均保持了稳步增长。

2018—2022年，内蒙古自治区可再生能源发电装机容量年均增长率为12.08%，在全自治区电力总装机容量中，占比从2017年的31.0%提升到2022年的38.0%，火电装机容量占比从69.0%下降到62.1%。可再生能源发电量年均增长率约为14.3%，在全自治区电力总发电量中，占比从2017年的15.7%提升到2022年的21.3%。

2018—2022年内蒙古自治区可再生能源发电装机容量及新增装机容量变化见表2.1和图2.1。从装机容量增量来看，2018—2022年可再生能源新增装机容量在总新增装机容量中占比均较高，

2022年可再生能源新增装机容量在总新增装机容量中占比为50.4%，较2021年（47.0%）有所提升，同样保持较高的水平。

表2.1　2018—2022年内蒙古自治区可再生能源发电装机容量及新增装机容量一览表

项　目	2018年	2019年	2020年	2021年	2022年
可再生能源装机容量/万kW	4076	4348	5296	5688	6423
电力总装机容量/万kW	12284	13048	14650	15484	16915
装机容量占比（可再生能源装机容量/电力总装机容量）/%	33.2	33.3	36.2	36.7	38.0
新增可再生能源装机容量/万kW	405	272	948	392	735
新增电力总装机容量/万kW	458	764	1602	834	1428
新增装机容量占比（新增可再生能源装机容量/新增电力总装机容量）/%	88.4	35.6	59.2	47.0	51.4

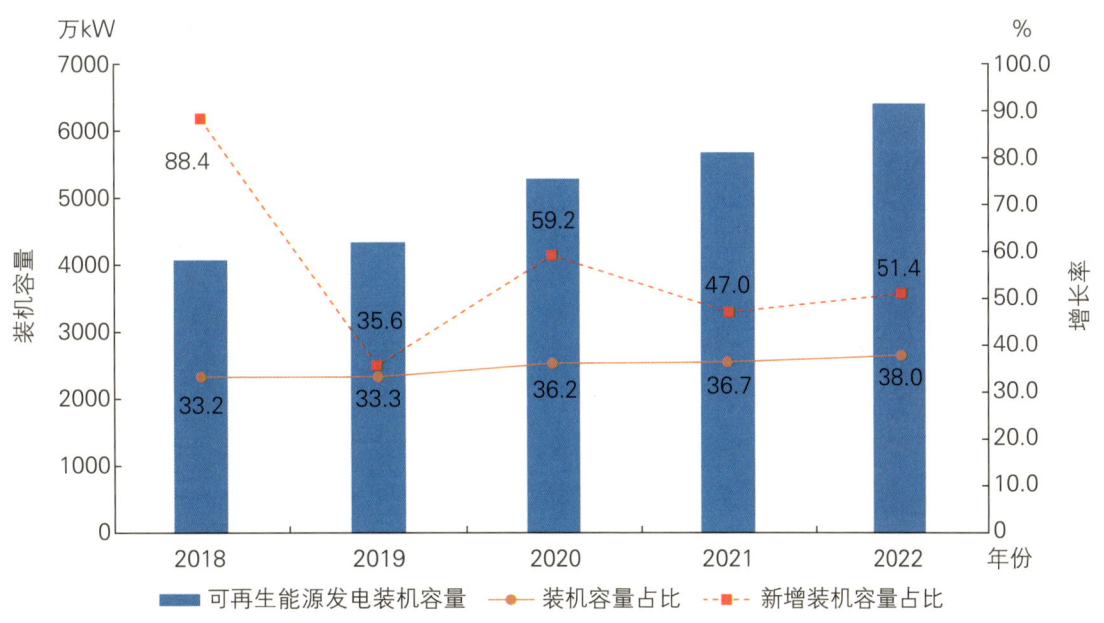

图2.1　2018—2022年内蒙古自治区可再生能源发电装机容量及新增装机容量变化

2018—2022年内蒙古自治区可再生能源发电量及新增发电量变化见表2.2和图2.2。从发电量增量来看，2022年可再生能源发电增量在总新增发电量中占比约为26.7%，新增发电量在总新增发电量中占比维持相对较高的水平。

表2.2　2018—2022年内蒙古自治区可再生能源发电量及新增发电量一览表

项　目	2018年	2019年	2020年	2021年	2022年
可再生能源发电量/亿kW·h	815	896	983	1253	1378
总发电量/亿kW·h	5005	5452	5700	6010	6479
发电量占比（可再生能源发电量/总发电量）/%	16.3	16.4	17.2	20.8	21.3
新增可再生能源发电量/亿kW·h	120	81	87	270	125
新增总发电量/亿kW·h	582	447	248	310	469
新增发电量占比（新增可再生能源发电量/新增总发电量）/%	20.6	18.1	35.1	87.1	26.7

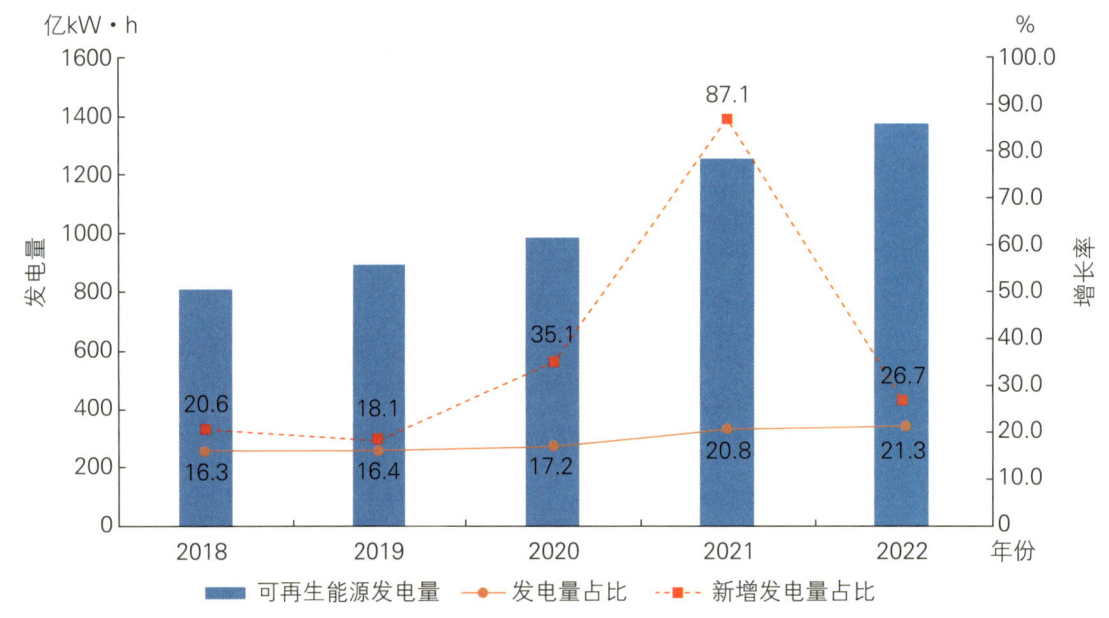

图2.2　2018—2022年内蒙古自治区可再生能源发电量及新增发电量变化

2.4　内蒙古自治区新能源呈现多元化发展趋势

内蒙古自治区立足自身资源优势，多措并举加快推动全区绿色低碳发展。在沙漠、戈壁、荒漠地区规划建设大型风电光伏基地，建立保障性并网、市场化并网等多元保障机制，稳步推动分散式风电与分布式光伏发电的开发利用，实施工业园区可再生能源替代行动，同步推进燃煤电厂火电灵活性改造。全力推进风电、光伏等新能源大规模高比例开发利用，在全国率先建成以新能源为主体的能源供给体系、率先构建以新能源为主体的新型电力系统，到2025年新能源装机规模超过火电装机规模、2030年新能源发电总量超过火电发电总量。

2018—2022年风电、太阳能发电等新能源发展迅速，风电、太阳能发电装机容量及发电量在内蒙古可再生能源总装机容量及发电量中占比均保持较高水平，如图2.3和图2.4所示。截至2022年底，内蒙古自治区可再生能源累计发电装机容量6423万kW，风电、太阳能发电装机容量在可再生能源发电装机容量中的占比，从2018年的93.6%提升到2022年的95.5%；2022年可再生能源发电量1378亿kW·h，同比增长9.9%，风电、太阳能发电的发电量在可再生能源发电量中的占比均保持较高的水平。

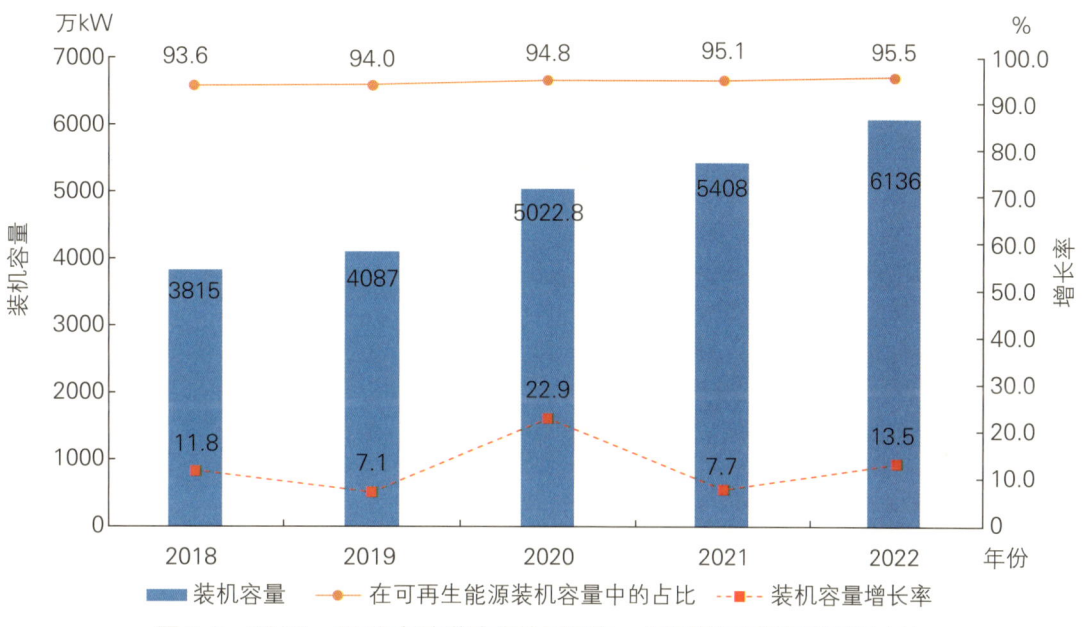

图2.3　2018—2022年内蒙古自治区风电、太阳能发电装机容量及占比

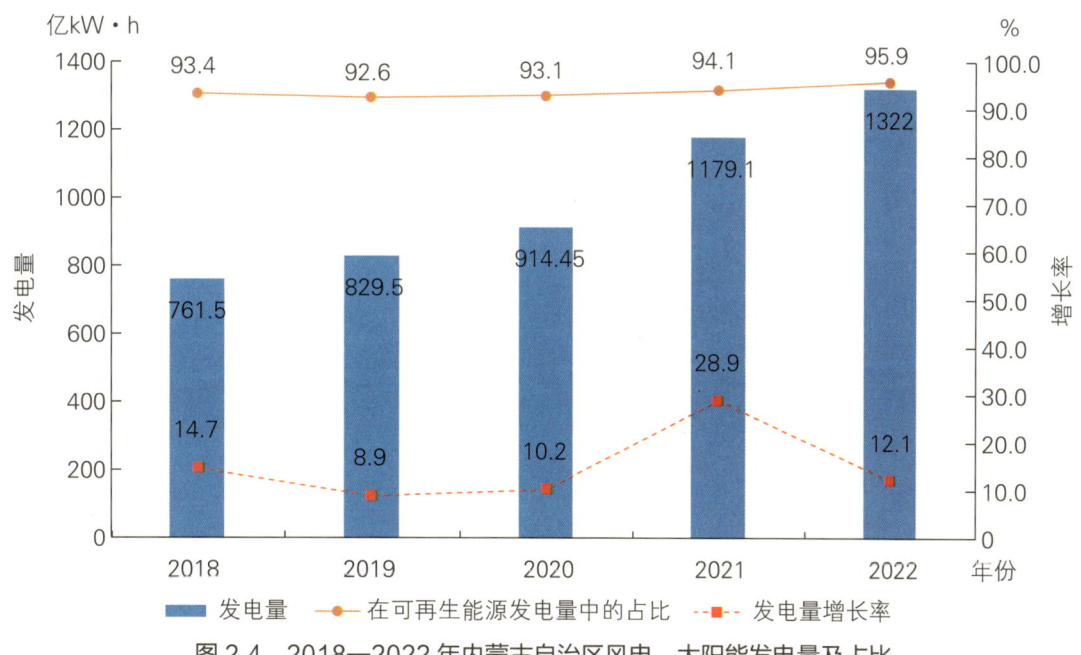

图2.4　2018—2022年内蒙古自治区风电、太阳能发电量及占比

2.5 内蒙古自治区推进新能源项目"标准地"建设

为推动新能源项目降本增效，内蒙古自治区创新新能源开发模式，深化新能源领域"放管服"改革，推进新能源项目"标准地"建设，引导新能源产业健康有序发展，发挥新能源生态环境保护效益。

土体供应"标准化"，根据新能源项目建设需要，对已规划开发区域（区块），按照"节约集约、统一规划、分类实施、滚动发展"的原则，提前完成林草、土地、水资源论证、军事、文物、压覆矿、地质灾害等前期手续，根据新能源项目建设要求做好土地流转和场地平整，打造项目建设"标准地"，达到项目批复即可开工建设的前提条件。

配套设施标准化，一体化实施道路、供水、供电、通信等新能源项目开发配套工程，完善项目建设与运行等配套服务设施。在道路工程方面，按照乡村道路等级建设。

新能源建设标准化，在项目施工方面，按照区域生态治理方案，设计光伏组件最低点离地距离。光伏阵列间距兼顾光照、施工、检修、养护、节约用地、生态治理等因素，施工标准要达到国家及行业相关要求。组件选择方面，严格准入标准，风电、光伏发电项目要采用先进高效的设备、材料和技术。

行政审批地方代办化，纳入区域（区块）建设的新能源发电项目所需办理的相关手续，由"平台公司"实行全程代办，项目建设单位提供有效必备资料。

电网工程和配套储能设施同步化，电网企业结合新能源项目建设需要，及时开展接入工程规划建设，提供项目接入系统所需的可接入变电站站点、容量、技术规范等信息。新能源项目实施单位应根据项目实施类型规划配套储能设施建设工作，新建市场化并网新能源项目，配建储能规模原则上不低于新能源项目装机容量的15%，储能时长4小时以上；新建保障性并网新能源项目，配建储能规模原则上不低于新能源项目装机容量的15%，储能时长2小时以上。电网接入工程、新能源项目及配套储能设施要同步建设、同步投运。

2.6 内蒙古自治区常规水电和抽水蓄能电站有序发展

内蒙古自治区重视抽水蓄能项目发展质量，各抽水蓄能项目平稳推进。截至2022年底，在中长期发展规划重点实施项目中，乌海项目已完成可行性研究阶段工作并获得核准，全面开工建设；美岱项目完成预可行性研究阶段工作，正在开展可行性研究阶段勘测设计工作；太阳沟项目开展了预可行性研究阶段勘测设计工作，于2023年1月通过了预可行性研究报告审查。

3 风电

3.1 资源概况

内蒙古自治区风能资源极为丰富,是全国风能资源最丰富的区域之一。内蒙古自治区70m高度风能资源量约为15亿kW,居全国首位。根据中国气象局风能太阳能中心发布的《2022年中国风能太阳能资源年景公报》,2022年全国70m高度层年平均风功率密度分布(单位:W/m²)与近10年(2012—2021年)相比,2022年,全国风能资源接近最近10年的平均值,内蒙古自治区70m高度风能资源接近最近10年的平均值。2022年全自治区70m高度年平均风速达到6.47m/s,全自治区年平均风功率密度达到284W/m²,是全国年平均风速和年平均风功率密度最大的省份(见图3.1)。

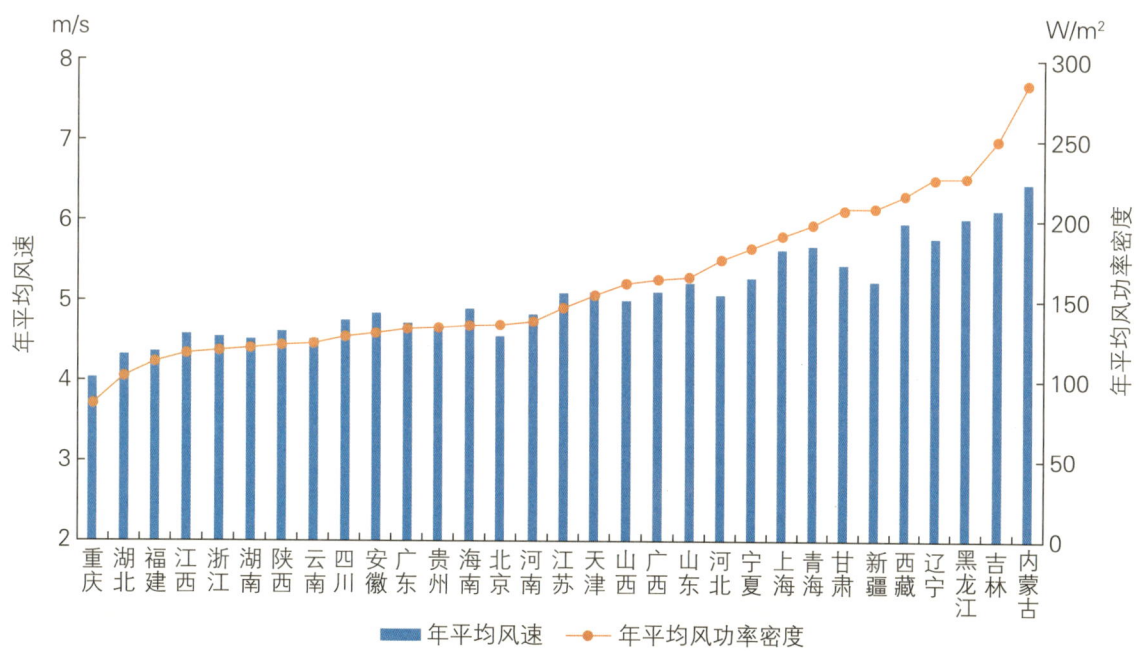

图 3.1　2022 年各省份陆地 70m 高度年平均风速和年平均风功率密度

内蒙古自治区大部分地区70m高度处年平均风速均在6m/s以上,是风力发电可利用的理想风速。从整体看,全自治区东北部及西南部年平均风速相对较小,具体地区包括呼伦贝尔市北部、阿拉善盟、巴彦淖尔市南部、乌海市、鄂尔多斯市及呼和浩特市。从年平均风速强度及分布面积看，巴彦淖尔市北部、包头市、乌兰察布市是内蒙古自治区偏西部风能资源丰富且集中的地区，而锡林郭勒盟南部、东南部、赤峰市大部分地区、通辽市北部、兴安盟及呼伦贝尔市中南部一带是自治区偏东部风能资源丰富且集中的地区。

3.2 发展现状

装机容量持续增长

2022 年，内蒙古自治区风电新增并网装机容量为 572 万 kW（见图 3.2），较 2021 年新增装机比例提升明显。其中国网内蒙古东部电力有限公司管辖区域（以下简称蒙东地区）风电新增并网装机容量为 237 万 kW；内蒙古电力（集团）有限责任公司管辖区域（以下简称蒙西地区）风电新增并网装机容量为 335 万 kW。2022 年，内蒙古自治区风电累计并网装机容量达 4568 万 kW，同比增长 14.3%，其中蒙东地区累计并网装机容量达 1497 万 kW，同比增长 19.6%；蒙西地区累计并网装机容量达 3070 万 kW，同比增长 11.9%。截至 2022 年底，风电累计并网装机容量约占全部电源累计装机容量的 27.0%，较 2021 年占比有一定幅度的提升。

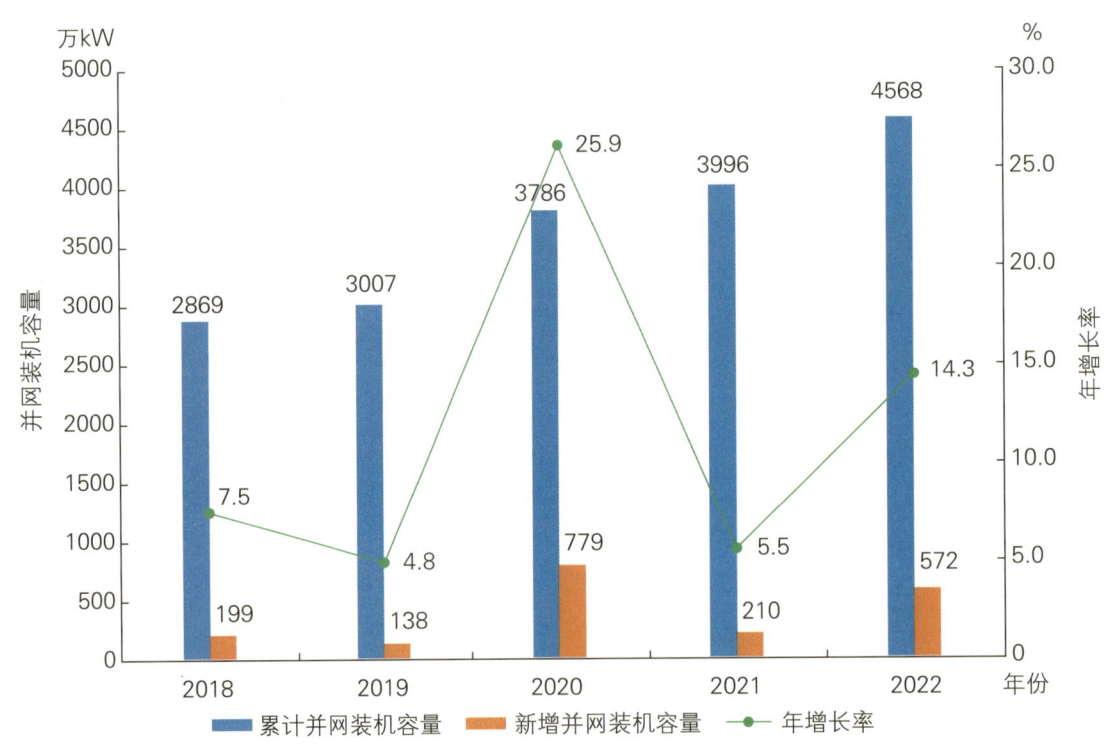

图 3.2　2018—2022 年内蒙古自治区风电装机容量及变化趋势

分盟（市）看，内蒙古自治区风电装机主要集中在巴彦淖尔市、包头市、赤峰市、通辽市、乌兰察布市和锡林郭勒盟6个盟（市），2022年底累计并网装机容量均超过400万kW；其中超过500万kW的盟（市）有4个，分别是锡林郭勒盟、通辽市、乌兰察布市和赤峰市（见图3.3）。2022年，锡林郭勒盟、巴彦淖尔市、包头市、兴安盟、乌兰察布市、通辽市、鄂尔多斯市、赤峰市和阿拉善盟9个盟（市）有新增并网装机，其中锡林郭勒盟新增并网装机容量达134万kW，为新增并网装机容量最多的盟（市），占新增并网装机容量的23.8%。

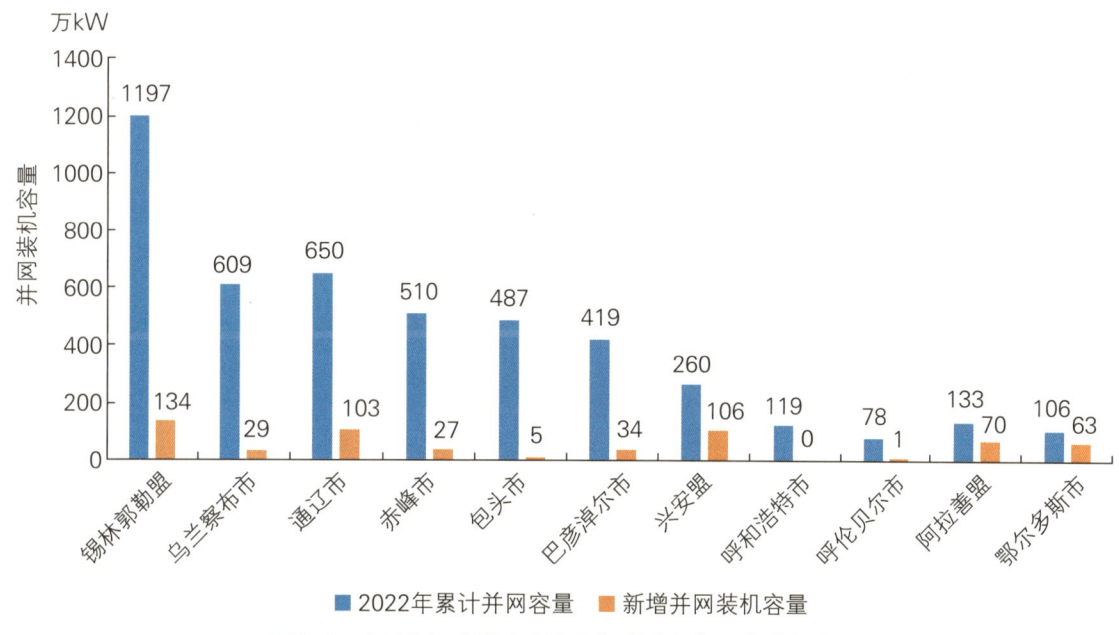

图3.3　2022年内蒙古自治区各盟（市）风电装机容量

分旗（县）看，累计并网装机容量超过100万kW的有18个旗（县），包括巴彦淖尔市乌拉特中旗、乌拉特后旗，包头市达尔罕茂明安联合旗，赤峰市克什克腾旗、翁牛特旗，呼和浩特市武川县，通辽市科左中旗、开鲁县和扎鲁特旗，乌兰察布市察哈尔右翼中旗和四子王旗，兴安盟科右前旗，锡林郭勒盟阿巴嘎旗、锡林浩特市、苏尼特左旗、正镶白旗、太仆寺旗和正蓝旗；累计并网装机容量超过50万kW的有29个旗（县）（见表3.1）。

表 3.1　2022 年内蒙古自治区各盟（市）风电装机容量

区域	盟（市）	2022 年底累计并网装机容量 / 万 kW	2022 年新增并网装机容量 / 万 kW	累计并网装机容量超过 50 万 kW 的旗（县）	2022 年底累计并网装机容量 / 万 kW
蒙东地区	赤峰市	510	27	克什克腾旗	223
				松山区	66
				翁牛特旗	105
				阿鲁科尔沁旗	51
	呼伦贝尔市	78	1	—	—
	通辽市	650	103	科左中旗	127
				科左后旗	55
				开鲁县	262
				扎鲁特旗	130
	兴安盟	260	106	科右中旗	51
				科右前旗	100
				乌兰浩特市	56
蒙西地区	阿拉善盟	133	70	—	—
	巴彦淖尔市	419	34	乌拉特中旗	306
				乌拉特后旗	109
	包头市	487	5	固阳县	95
				达尔罕茂明安联合旗	327
	鄂尔多斯市	106	63	杭锦旗	80
	呼和浩特市	119	0	武川县	108
	乌海市	0	0	—	—
	乌兰察布市	609	29	察哈尔右翼中旗	167
				察哈尔右翼后旗	72
				化德县	84
				四子王旗	127
	锡林郭勒盟	1197	134	阿巴嘎旗	198
				锡林浩特市	245
				苏尼特左旗	170
				正镶白旗	136
				太仆寺旗	110
				正蓝旗	101
				镶黄旗	96
				苏尼特右旗	84

开发企业以中央企业为主，截至 2022 年底，内蒙古自治区风电累计并网装机容量排名前三的企业分别是国家能源投资集团有限责任公司、中国华能集团公司和中国大唐集团公司，风电累计并网装机容量均超过 400 万 kW，排名前十的企业风电累计并网装机容量均超过 100 万 kW。五大发电集团风电累计并网装机容量共计 2346 万 kW，超过内蒙古风电累计并网装机容量的 1/2，按照风电累计并网装机容量大小排序，依次为国家能源投资集团有限责任公司、中国华能集团公司、中国大唐集团公司、中国华电集团有限公司、国家电力投资集团有限公司（见图 3.4）。

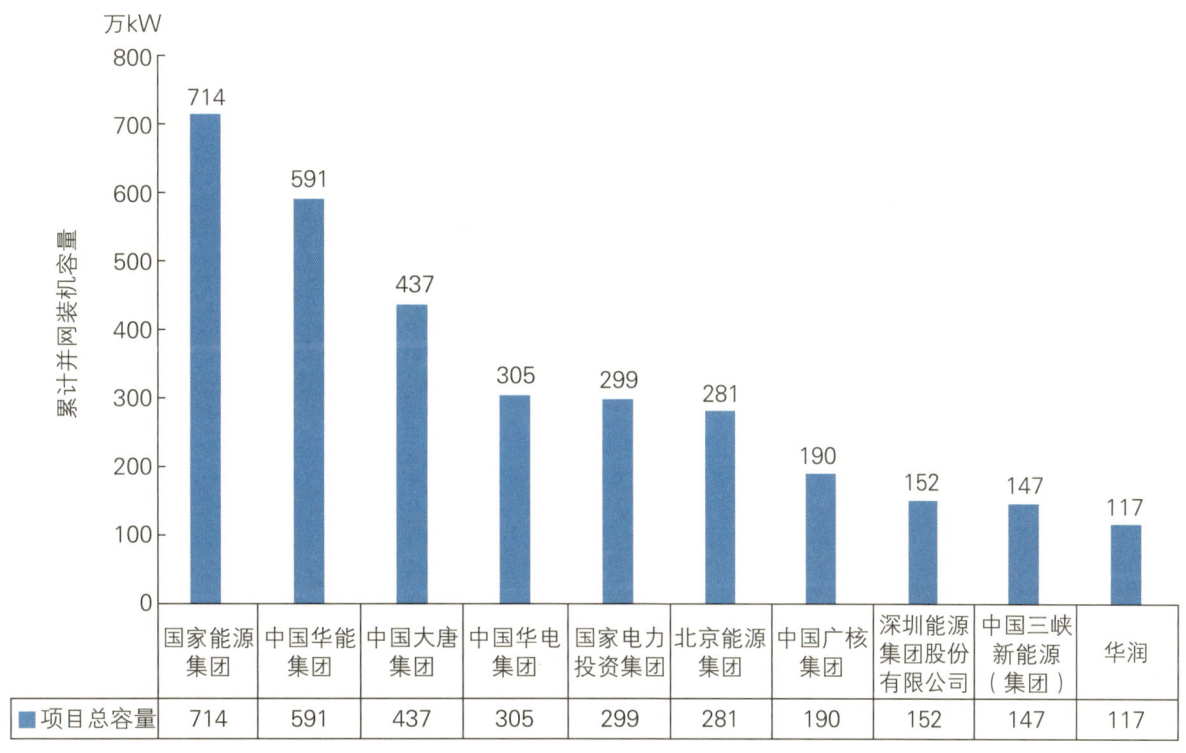

图 3.4　截至 2022 年底内蒙古自治区风电累计装机容量排名前十的开发企业

对自治区内各类新能源开发企业分类统计，截至 2022 年底，在内蒙古自治区累计并网装机容量占比中，央企累计并网装机容量占比超过 60%，区外国企与区外民企累计并网装机容量占比均超过 10%，区内国企与区内民企占比较小，均未超过 10%，目前在自治区各类开发企业中，仍然以中央企业为主、区内外企业为辅（见图 3.5）。

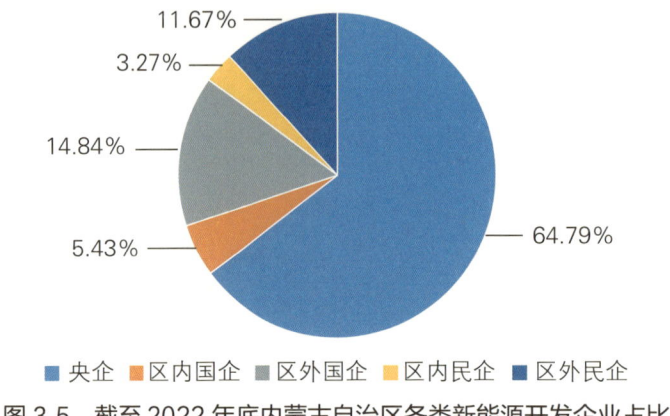

图 3.5　截至 2022 年底内蒙古自治区各类新能源开发企业占比

发电量增长稳定

2022 年风电年发电量占内蒙古自治区电源总发电量的比重相较之前稳步增长。2022 年内蒙古自治区风电年发电量达到 1077 亿 kW·h，同比增长 11.4%，占全部电源年发电总量的 16.6%，较 2021 年增长 0.5 个百分点（见图 3.6）。

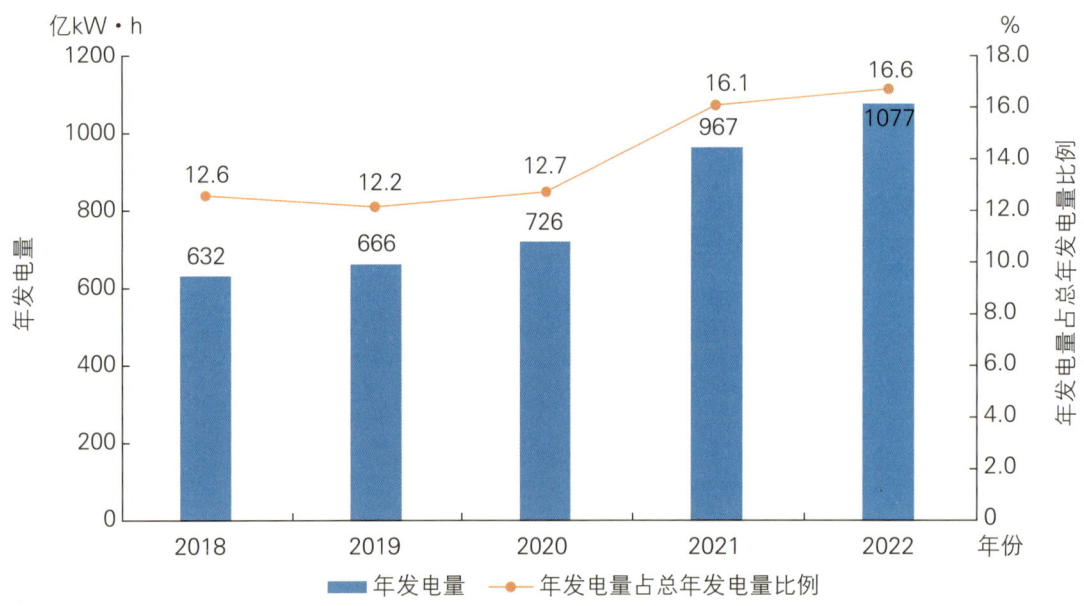

图 3.6　2018—2022 年内蒙古自治区风电年发电量及占比变化趋势

分盟（市）看，赤峰市、通辽市、包头市、呼和浩特市等 11 个盟（市）风电年发电量同比均有不同程度的变化，其中，兴安盟增长最为明显，增幅超过 50%（见图 3.7）。风电年发电量超过 100 亿 kW·h 的有锡林郭勒盟、赤峰市、乌兰察布市、巴彦淖尔市、包头市和通辽市。

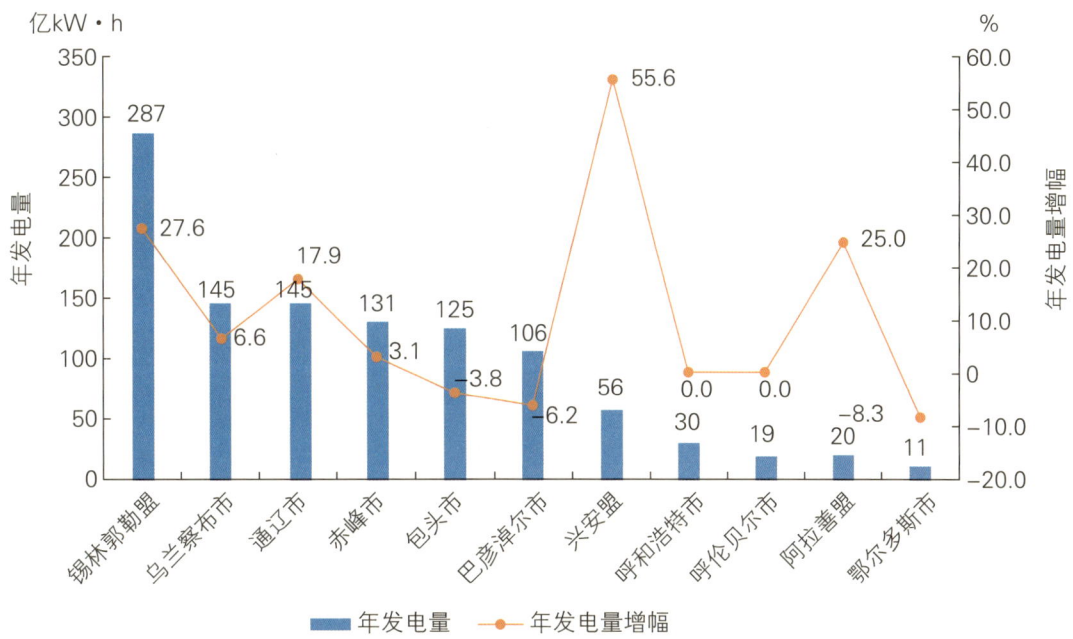

图 3.7　2022 年内蒙古自治区各盟（市）风电年发电量及年发电量增幅

3.3　前期管理

能源结构绿色转型加快

在碳达峰碳中和目标愿景下，我国提出大力发展可再生能源，在沙漠、戈壁、荒漠地区加快规划建设大型风电光伏基地项目的发展目标。其中，内蒙古自治区作为风光资源大省，也在加快能源结构的绿色转型，全力推进风电、光伏等新能源大规模高比例开发利用，建设一批千万级新能源基地，在全国率先建成以新能源为主体的能源供给体系，率先构建以新能源为主体的新型电力系统。在国家第一批、第二批以沙漠、戈壁、荒漠地区为重点的大型风电光伏基地建设项目中，内蒙古自治区基地建设项目规模分别达到 2020 万 kW、1188 万 kW，"沙戈荒"大型风电、光伏基地，已批复 3 个基地项目，总装机规模 3600 万 kW。

成立新能源装备制造产业发展基金

为了落实自治区第十一次党代会提出的"两个率先""两个超过"发展目标，大力发展新能源装备制造业、运维服务业，内蒙古自治区成立了新能源装备制造产业发展基金，对推动打造内蒙古自治区乃至中国北方先进新能源装备制造产业基地，提升内蒙古自治区新能源产业在国内影响力，助力自治区绿色发展转型升级和经济高质量发展具有重要意义。

多元化高质量开发与建设

2022年4月，内蒙古自治区人民政府印发《内蒙古自治区人民政府办公厅关于促进氢能产业高质量发展的意见》（内政办发〔2022〕15号），将持续推动氢能产业健康发展。2022年自治区批复了风光制氢一体化示范项目9个，风电装机规模338万kW。2022年12月，内蒙古自治区能源局印发了《内蒙古自治区火电灵活性改造消纳新能源实施细则（2022年版）》（内能新能字〔2022〕888号），指出有序推动燃煤电厂火电灵活性制造改造，增加新能源消纳能力。2022年自治区风电配套火电灵活性改造项目共29个，总装机规模514万kW。2022年批复内蒙古能源集团开展蒙西570万kW风光基地项目。

3.4 投资建设

单位千瓦造价持续下降

2022年风电市场设备供需关系扭转迅速，设备及吊装成本下降趋势明显。风电单位千瓦造价较2021年下降明显。2022年内蒙古风电项目单位千瓦造价约5600元。

设备及安装工程主导风电造价

风电项目单位千瓦造价包括设备及安装工程、建筑工程、施工辅助工程、其他费用、预备费和建设利息，如图3.8所示。设备及安装工程费用在内蒙古风电项目总体造价中占最大比重，达到78.6%，是项目整体造价指标的主导因素，未来还需进一步挖潜。

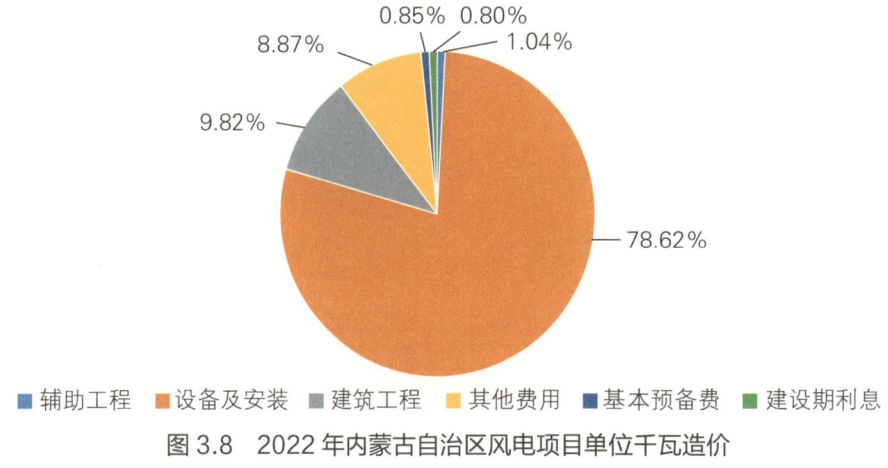

图3.8　2022年内蒙古自治区风电项目单位千瓦造价

3.5 运行消纳

利用小时同比上升

2022年内蒙古自治区风电年平均利用小时数为2532h，较2021年增加102h，增长4.2%（见图3.9），其中蒙东地区风电年平均利用小时数为2693h；蒙西地区风电年平均利用小时数为2460h。分盟（市）看，全自治区4个盟（市）年平均利用小时数较2021年有所增长，其中兴安盟、鄂尔多斯市、巴彦淖尔市2022年年平均利用小时数位居全自治区前三，分别为3303h、2876h、2637h；兴安盟、锡林郭勒盟、通辽市2022年平均利用小时数增长量位居全自治区前三，分别增长了943h、433h、314h（见图3.10）。

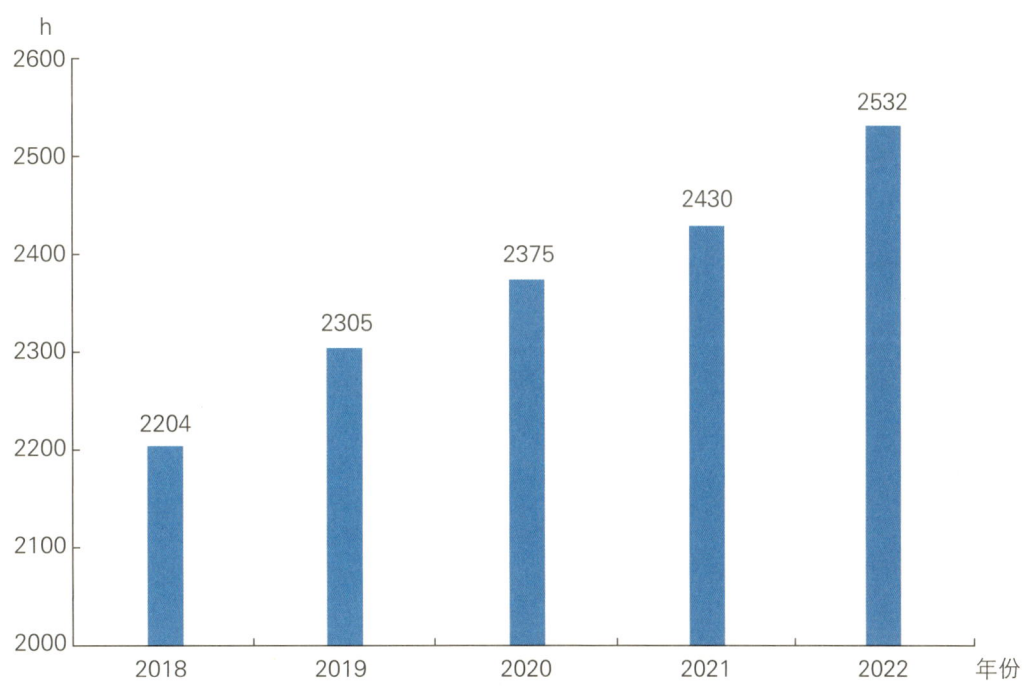

图3.9　2018—2022年内蒙古自治区风电年平均利用小时数对比

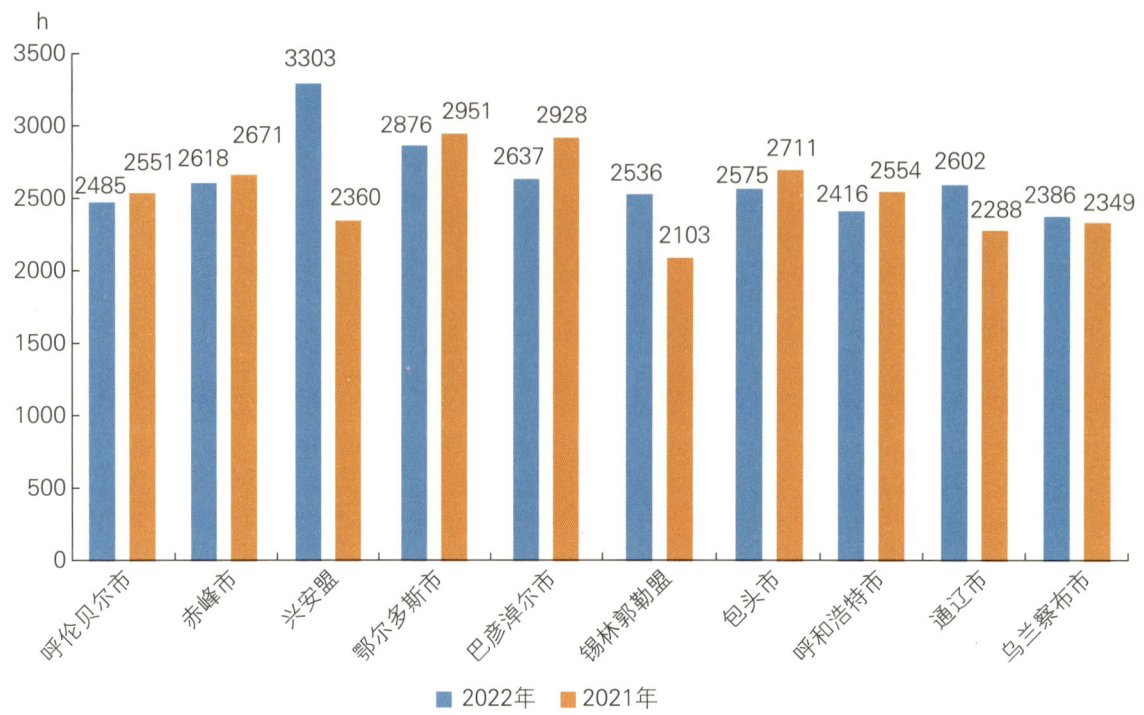

图 3.10 2021 年和 2022 年内蒙古自治区各盟（市）风电年平均利用小时数对比

弃风率同比略有增高

2022 年，内蒙古自治区弃风电量为 99 亿 kW·h，较 2021 年增加 38 亿 kW·h；全自治区平均弃风率为 8.6%，与 2021 年相比略有增高，2018—2022 年内蒙古自治区弃风限电变化趋势见图 3.11。

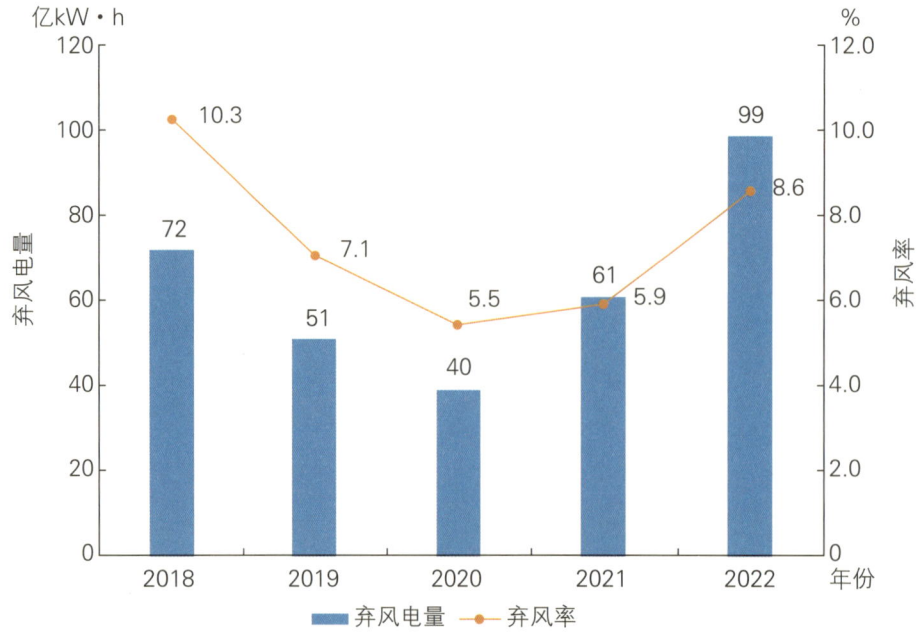

图 3.11 2018—2022 年内蒙古自治区弃风限电变化趋势

弃风电量与弃风率在 2022 年有小幅度抬升的主要原因在于：2022 年内蒙古自治区风电光伏持续布局开发，整体新增装机容量持续增加，与之配套的储能系统及抽蓄系统开发建设进度相较新能源稍有滞后，且新能源建设地点多在偏远地区与电网末端，网侧消纳空间有限，造成了弃风限电小幅度的抬升。

3.6 风电产业

内蒙古自治区风电装备产业链发展情况：风电装备制造现有已投产项目 65 项。其中风电整机项目 14 项，年产能 5420 台套；叶片项目 10 项，年产能 2918 套；塔筒项目 27 项，年产能 208 万 t；齿轮箱项目 2 项，年产能 600 台；发电机项目 1 项，年产能 1000 台；其他零部件项目 11 项。

龙头企业技术装备领先

联合动力、太重新能源等大型新能源装备制造企业，拥有国家级企业技术中心、科研试验基地，是自治区新能源装备制造业的龙头企业，企业实力较强、技术装备水平高、产品市场前景好。

风电产业发展态势向好

经过"十三五"以来的建设和发展，锡林郭勒盟、兴安盟、乌兰察布市、鄂尔多斯市、巴彦淖尔市和赤峰市的风电整机制造业，通辽市、锡林郭勒盟、包头市、乌兰察布市的风电装备零部件产业发展稳中有升。目前自治区风电产业 2022 年新增已投产项目共计 16 项，主要分布在包头市、锡林郭勒盟、乌兰察布市等盟（市），目前自治区境内所有投产及拟建设风电产业相关项目预计将为自治区带来约 1200 亿元的收益。

3.7 发展趋势及特点

随着风电无补贴时代的到来，内蒙古自治区风电项目规模化、基地化开发成为主流，通过调整电源结构、优化提升外送通道、发展储能项目等方式，进一步提高了新能源利用率。随着大型风电基地的并网，内蒙古自治区的风电装机规模将进一步提升。国家第一批以沙漠、戈壁、荒漠地区为重点的大型风电光伏基地建设项目名单共 35 个项目、总规模达 2020 万 kW。目前已建成并网 280 万 kW，其他项目已全部开工建设，正在快速推进，计划 2023 年 12 月底全部建成并网。国家第二批大型风电光伏基地建设名单共 5 个项目、总规模达 1188 万 kW。其中，通辽市科尔沁区 138 万 kW、科左后旗 100 万 kW 及乌兰察布岱海 150 万 kW、鄂尔多斯上海庙 400 万光伏 4 个项目已完成核准，鄂尔多斯准格尔 400 万 kW 新能源项目，计划近期完成项目核准（备案），所有项目均计划 4 月前开工建设。以沙漠、戈壁、荒漠地区为重点的大型风电光伏基地，目前已批复 3 个基地项目，总装机规模达 3600 万 kW。

风电在 2022 年累计装机容量再创新高

2022 年是中国"十四五"规划的关键之年，是"双碳"目标提出的第二年。内蒙古自治区风电的建设规模再创历史新高，全年累计并网装机容量达 4568 万 kW，多年蝉联全国风电装机冠军。

风电清洁供暖

风电清洁供暖对提高北方风能资源丰富地区消纳风电能力，缓解内蒙古冬季供暖期电力负荷低谷时段风电并网运行困难，促进城镇能源利用清洁化，减少化石能源低效燃烧带来的环境污染，改善内蒙古冬季大气环境质量意义重大。到 2022 年底，全自治区风电清洁供暖总面积达到了 735 万 m^2。

风电发展需关注的重点

内蒙古自治区风能资源丰富的阿拉善盟、巴彦淖尔市、锡林郭勒盟、赤峰市等地的新能源装机位于电网主网架末梢，远离呼包鄂城市群、乌兰察布市、通辽市等区内电力负荷中心，新能源跨地区输电压力较大，今后将以加强本地消纳研究、多能互补集成优化，以及跨区外送等多种方式相结合，做好风电项目开发和并网消纳统筹推进工作。

当前和今后一个时期，内蒙古自治区将以"生态优先、绿色发展"为导向，走高质量发展新道路。深入践行"绿水青山就是金山银山"的理念，推动生态文明建设和绿色转型发展发生全局性重大变化。将推动可再生能源外送和本地消纳并举、集中式和分布式开发并举，注重氢能、储能、源网荷储一体化等新技术、新模式和新业态与可再生能源产业融合发展，示范引领自治区现代能源经济体系建设。

结合内蒙古自治区产业基础和国内外发展趋势，发挥产业引导作用，推动绿色低碳发展。紧紧抓住国家推动实现碳达峰碳中和重大战略机遇，加快调整产业结构、能源结构，加快形成节约资源和保护环境的产业结构、生产方式、生活方式、空间格局。着力打造具有竞争优势的产业集群，建立完善的集新能源装备的研发、设计、制造、运维于一体的基地，形成产业集聚效应，增强产业综合竞争力，推动新能源全产业链协调发展，完善绿色低碳政策和市场体系。

推动大型风电基地集中开发就地利用

内蒙古自治区边境沿线、荒漠地区风能资源丰富，加快推进一批边境风电基地、荒漠化风电基地集中开发建设，就近消纳，保障边境地区电力供应，提升边境地区居民电气化率、人居环境改善，促进边境沿线、荒漠化地区经济建设。

3.8 发展建议

推动风电装备产业发展

调整优化产业布局。目前，内蒙古自治区风电整机企业主要集中在锡林郭勒盟、巴彦淖尔市、赤峰市、鄂尔多斯市、乌兰察布市、兴安盟，零部件企业集中在通辽市、锡林郭勒盟、鄂尔多斯市、包头市、乌兰察布市、兴安盟、巴彦淖尔市，产业布局较为分散。按照资源赋存分布、现有产业基础，以大功率风电整机以及叶片、电机、轮毂、齿轮箱、轴承、控制系统等核心配套装备以及储能设备制造为发展重点，进一步优化产业布局，积极推进包头市、通辽市等大型风电装备基地建设。

支持技术创新。加大研发投入力度，不断提升企业技术创新能力，支持企业建设产品设计研发中心、产品实验平台。重点支持新能源运维技术研发中心、大功率风力发电系统国家实验室、新能源储能工程技术研究中心等创新平台建设。

培育壮大"链主"企业。积极培育自治区"链主"企业，对投资大、产出高、吸引配套能力强的"链主"企业，给予相应的优惠政策支持，带动产业集聚发展做大做强。

建立健全产业扶持政策。鼓励风电装备制造规模化产业基地建设，可按照基地建设投资强度、带动集聚效应，整体配置风电资源开发权，解决资源配置碎片化问题。建立健全资源开发与风电制造区域协调、互补发展机制。研究制定鼓励政策，支持风电开发及整机企业采购本地装备。

加快风电产能升级改造，打造全产业链基地

2021年11月，内蒙古自治区人民政府办公厅印发《内蒙古自治区新能源装备制造业高质量发展实施方案（2021—2025年）》，提出适度发展风电整机制造，重点发展核心配套零部件，提高零部件区内配套能力，着力打造风电装备制造全产业链基地，基本形成与自治区新增新能源装机规模相匹配的风电装备生产能力，努力建设我国北方重要的风力发电装备制造基地。

加快风电机组退役和更新市场调查与研究

随着内蒙古风电近年来的飞速发展，2022年累计并网的风电装机容量达到4568万kW，目前运行年限超过10年的风电机组约为1200万kW，机组的单机容量多在1.5MW以下，叶轮直径也相对较小，具备更新与换代潜力。2021年12月国家能源局印发的《风电场改造升级和退役管理办法》（征求意见稿）指出，风电场改造升级是指对风电场风电机组进行"以大代小"，对配套升压变电站、场内集电线路等设施进行更换或技术改造升级。风电场改造升级分为增容改造和等容改造。未来自治区改造与升级市场潜力巨大。

持续加强风电发展监管

随着国家"放管服"改革的深入，需进一步加强市场监管，促进风电产业健康有序发展。一是严格落实《中华人民共和国可再生能源法》关于行业监管的法律条款要求，加强风力发电监管。二是完善风电项目开发建设信息监测机制，切实做好信息分析研判，全面提升项目信息监测质量。三是加强风电行业的事前事中事后监管，针对风电发展规划、全额保障性收购、工程质量验收等方面建立全过程监管体系，推进工程全过程咨询机制，建立监管评估机制。

4　太阳能发电

4 太阳能发电

4.1 资源概况

太阳能资源丰富，地域分布呈现西高东低的特点

内蒙古自治区太阳能资源十分丰富，太阳能年总辐射量为 4831~7013MJ/m²，年日照时数为 2600~3400h，是全国高值地区之一。内蒙古自治区年总辐射值由东北向西南逐渐递增。总辐射低值区分布于呼伦贝尔市北部，年总辐射值在 5040MJ/m² 以下，年日照时数在 2700h 以下。总辐射中值区包括呼伦贝尔市南部，兴安盟、锡林郭勒盟、通辽市、赤峰市、乌兰察布市、呼和浩特市，包头市、鄂尔多斯市、乌海市的大部以及巴彦淖尔市中部和阿拉善盟南部，年辐射值为 5040~6300MJ/m²，年日照时数为 2700~3200h。总辐射高值区集中于阿拉善盟中北部、巴彦淖尔市西部和东部、包头市西部以及鄂尔多斯市西缘和乌海市西缘，年总辐射值在 6300MJ/m² 以上，年日照时数在 3200h 以上。

2022 年太阳能水平面总辐照量接近常年平均值

根据中国气象局风能太阳能中心发布的《2022 年中国风能太阳能资源年景公报》，2022 年全国平均年水平面总辐照量为 5628.2MJ/m²，最佳斜面总辐照量为 6536.9MJ/m²，比 2021 年分别偏大 252.0MJ/m²、241.6MJ/m²，比近 10 年（2012—2021 年）平均值分别偏大 194.4MJ/m²、182.9MJ/m²，比近 30 年（1992—2021 年）平均值分别偏大 163.1MJ/m²、146.9MJ/m²。

2022 年内蒙古自治区水平面总辐照量和最佳斜面总辐照量整体接近最近 30 年的平均值。其中内蒙古年水平面总辐照量平均值为 5657.8MJ/m²，最佳斜面总辐照量平均值为 7309.1MJ/m²，属于 2022 年全国太阳能资源很丰富地区之一。

4.2 发展现状

装机规模持续增长

2022年,内蒙古自治区太阳能发电新增并网装机容量为156万 kW(不含10万 kW 光热项目)(见图4.1),同比降低5.8%,其中蒙东地区太阳能发电新增并网装机容量为67万 kW,同比增长735%;蒙西地区太阳能发电新增并网装机容量约为90万 kW,同比降低43%。截至2022年底,内蒙古自治区太阳能发电累计并网装机容量达到1558万 kW(不含10万 kW 光热项目),同比增长11.1%,太阳能发电累计并网装机容量居全国第十二位。其中蒙东地区累计并网装机容量达403万 kW,同比增长20%;蒙西地区累计并网装机容量达1166万 kW,同比增长8.4%。太阳能发电并网装机容量约占全部电源总装机容量的9.2%。截至2022年底,内蒙古自治区集中式太阳能电站累计并网装机容量达1468万 kW,同比增长13%;分布式太阳能电站累计并网装机容量90万 kW。

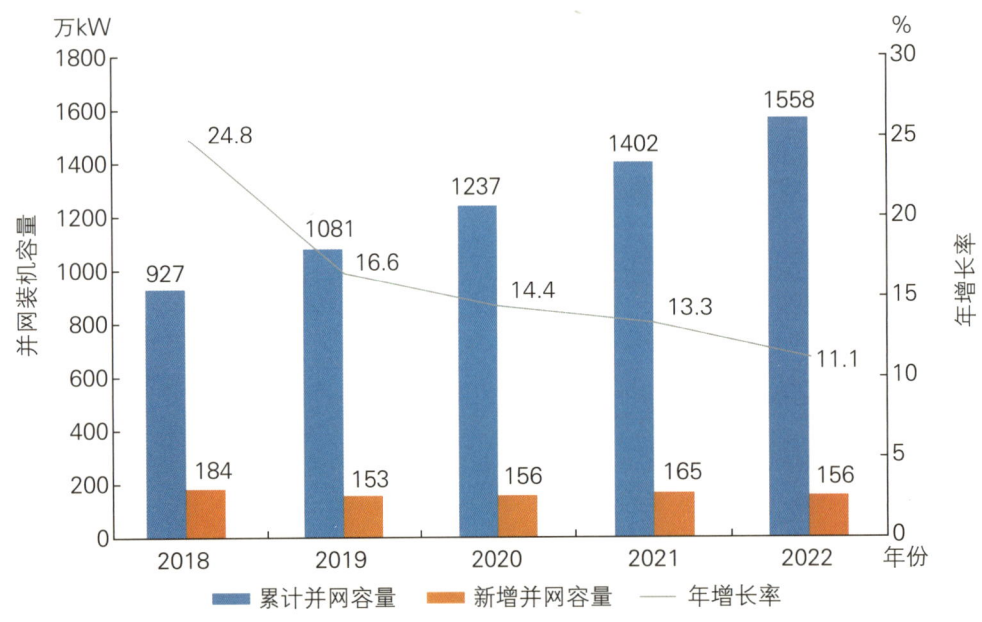

图4.1　2018—2022年内蒙古自治区太阳能发电并网装机容量及变化趋势

分盟(市)看(见图4.2),内蒙古太阳能发电装机主要集中在鄂尔多斯市、包头市、通辽市、乌兰察布市、巴彦淖尔市、锡林郭勒盟、呼和浩特市等7个盟(市),2022年底累计并网装机容量均超过100万 kW。2022年,鄂尔多斯市、包头市、通辽市、巴彦淖尔市、锡林郭勒盟、呼和浩特市、赤峰市、兴安盟、乌海市9个盟(市)有新增集中式太阳能电站并网装机,其中锡林郭勒盟新增并网装机容量达29万 kW,为新增并网装机容量最大的盟(市)。

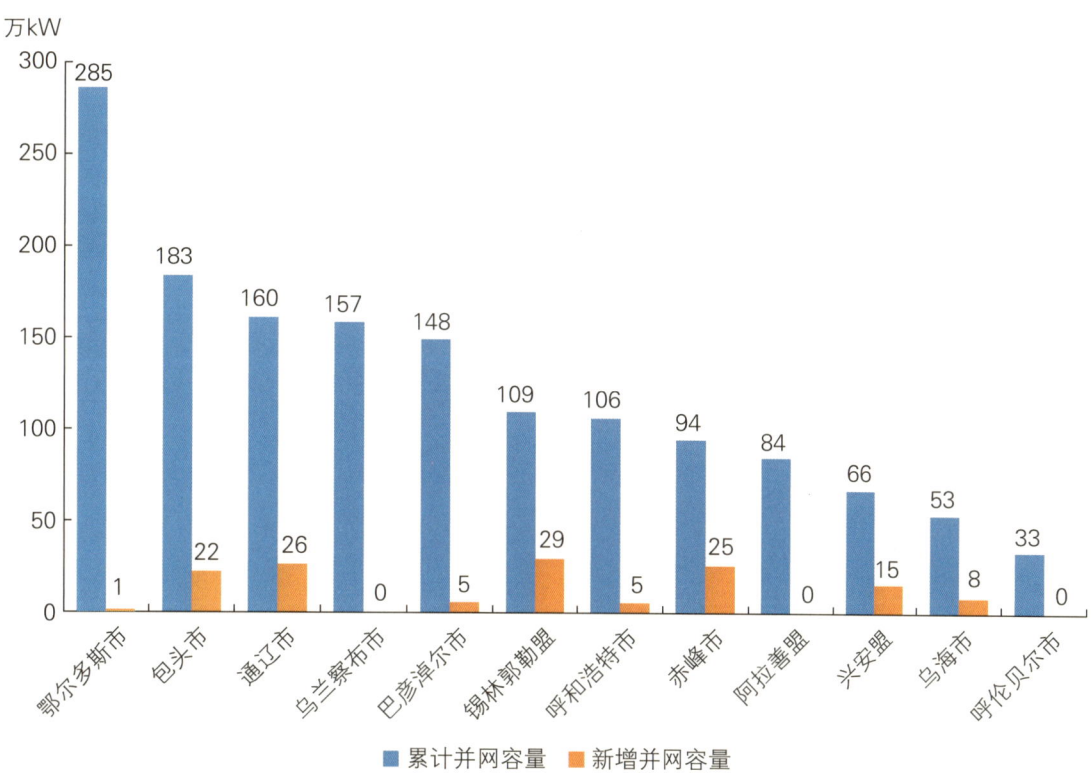

图 4.2　2022 年内蒙古自治区各盟（市）6MW 以上太阳能发电装机容量

内蒙古自治区各盟（市）6MW 以上太阳能发电装机容量分盟（市）统计见表 4.1，太阳能电站累计并网装机容量超过 50 万 kW 的有 5 个旗（县），包括鄂尔多斯市杭锦旗、达拉特旗、伊金霍洛旗和包头市土默特右旗、固阳县；累计并网装机容量超过 20 万 kW 的有 30 个旗（县），与 2021 年相比，新增了赤峰市敖汉旗、锡林郭勒盟苏尼特右旗、兴安盟科右中旗。

表 4.1　2022 年内蒙古自治区各盟（市）6MW 以上太阳能发电装机容量

区域	盟（市）	2022 年底累计并网装机容量 / 万 kW	累计并网装机容量超过 20 万 kW 的地区	2022 年底累计并网装机容量 / 万 kW
蒙东地区	赤峰市	94	敖汉旗	32
			克什克腾旗	32
			翁牛特旗	29
	通辽市	160	科左中旗	27
			开鲁县	23
	呼伦贝尔市	33	—	—
	兴安盟	66	科右中旗	32
			科右前旗	23

续表

区域	盟（市）	2022年底累计并网装机容量/万 kW	累计并网装机容量超过20万 kW 的地区	2022年底累计并网装机容量/万 kW
蒙西地区	阿拉善盟	84	阿拉善左旗	45
	巴彦淖尔市	148	乌拉特前旗	23
			乌拉特中旗	40
			乌拉特后旗	33
			磴口县	32
	包头市	183	固阳县	52
			达尔罕茂明安联合旗	34
			石拐区	25
			土默特右旗	57
	鄂尔多斯市	285	杭锦旗	98
			达拉特旗	114
			伊金霍洛旗	50
	呼和浩特市	106	土默特左旗	30
			托克托县	22
	乌海市	53	海勃湾区	23
	乌兰察布市	157	察哈尔右翼前旗	24
			察哈尔右翼中旗	41
			商都县	22
			四子王旗	32
			卓资县	21
	锡林郭勒盟	109	二连浩特市	27
			正蓝旗	20
			苏尼特右旗	26

开发企业以中央企业为主，截至2022年底，内蒙古太阳能发电累计并网装机容量排名前三的企业分别是国家电力投资集团有限公司、国家能源投资集团有限责任公司和中国广核集团有限公司，累计并网装机容量均超过90万 kW（见图4.3和图4.4）。五大发电集团累计并网装机容量接近内蒙古累计并网装机容量的1/3。

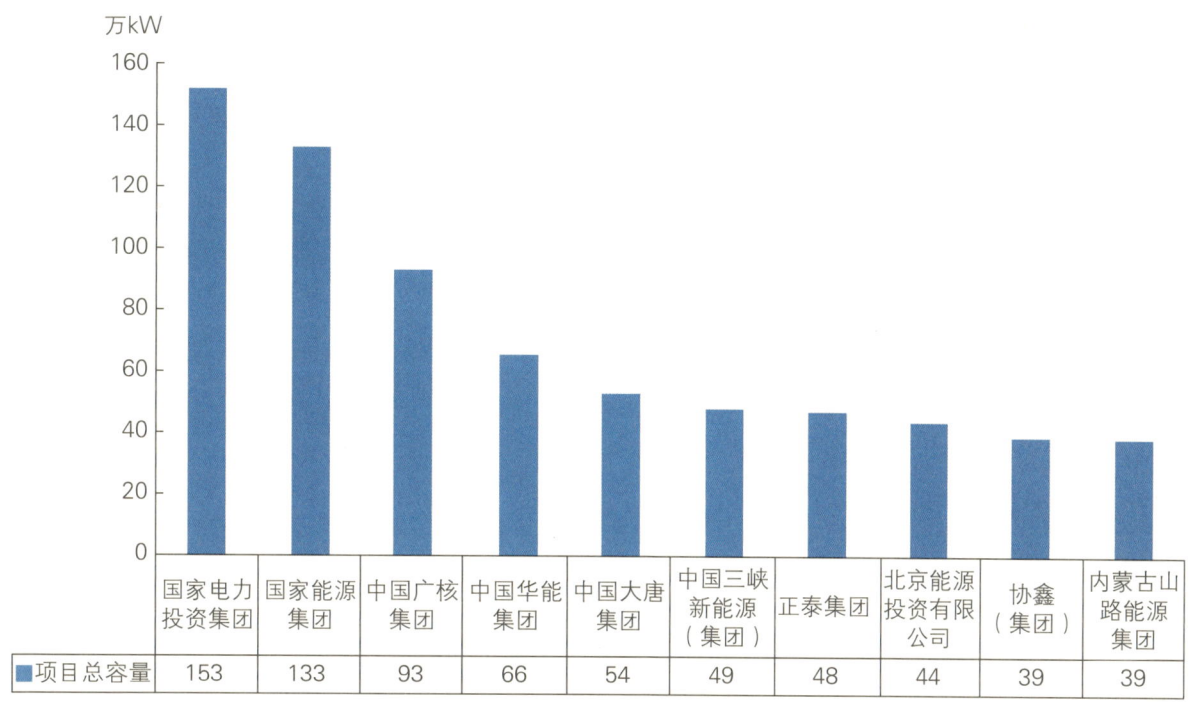

图 4.3　2022 年底内蒙古自治区太阳能发电累计装机容量排名前十的开发企业

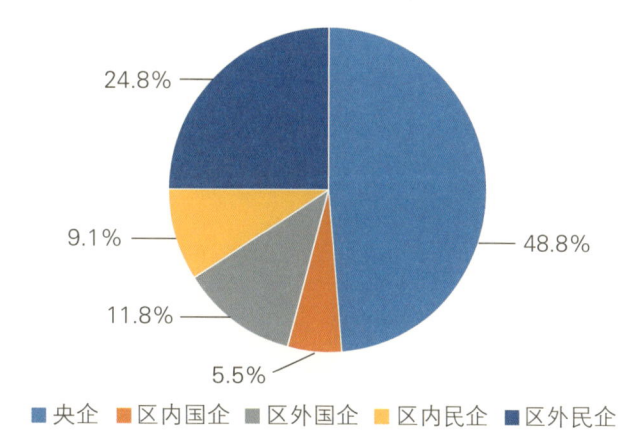

图 4.4　不同类型企业在内蒙古自治区太阳能发电累计装机中的占比（截至 2022 年底）

发电量稳步增长

近年来，内蒙古太阳能发电年发电量占内蒙古电源总发电量比重稳步增长。2022 年内蒙古 6MW 及以上太阳能发电年发电量达到 228 亿 kW·h，同比增长 12.3%，占全部电源总年发电量的 3.52%，较 2021 年提高 0.14 个百分点（见图 4.5）。其中蒙东地区 6MW 及以上太阳能发电年发电量达到 50 亿 kW·h，蒙西地区 6MW 及以上太阳能发电年发电量达到 178 亿 kW·h。

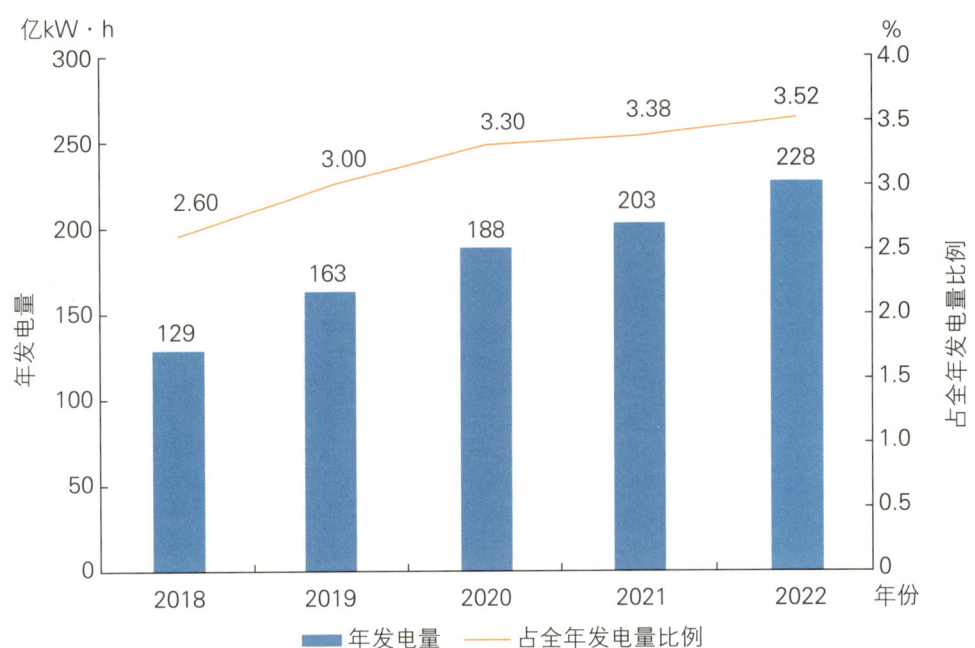

图 4.5　2018—2022 年内蒙古自治区太阳能年发电量变化趋势

分盟（市）看（见图 4.6），鄂尔多斯市、乌兰察布市、包头市、巴彦淖尔市、通辽市等 5 个盟（市）太阳能发电年发电量均超过了 20 亿 kW·h。

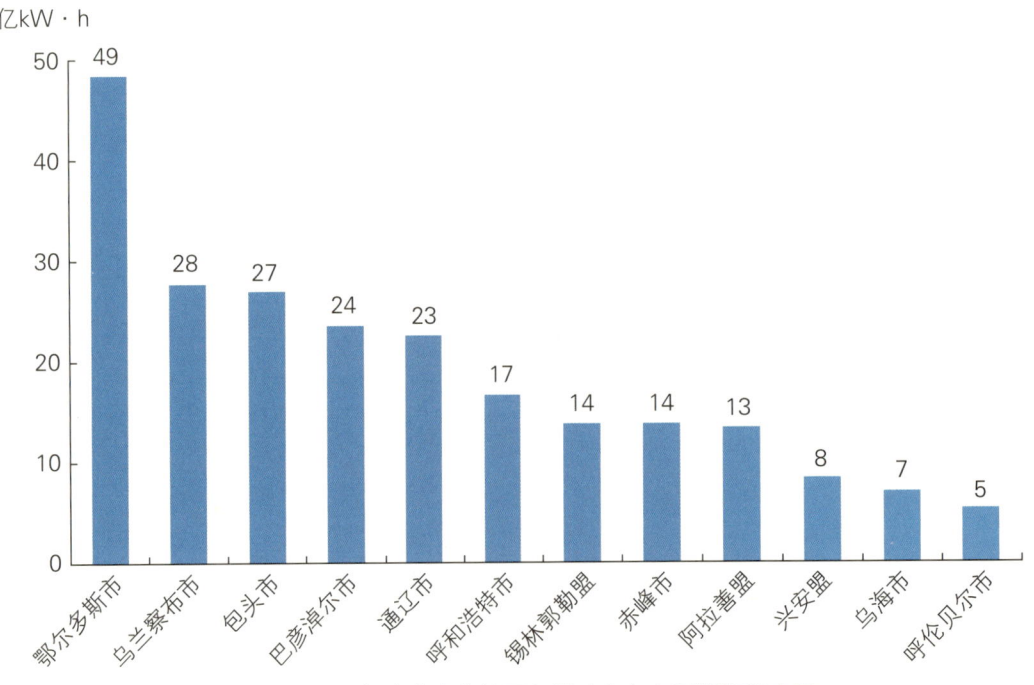

图 4.6　2021 年内蒙古自治区各盟（市）太阳能年发电量

4.3 前期管理

光伏产业高质量发展意见出台

2022年3月，内蒙古自治区人民政府办公厅印发《关于推动全区风电光伏新能源产业高质量发展的意见》（内政办发〔2022〕19号），该意见从高质量配置、高质量建设、高质量运行、高质量拉动和高质量支撑5个维度助力风电光伏新能源产业全过程高质量发展。将风电、光伏发电项目的并网机制分为市场化并网消纳和保障性并网消纳两类，按照"1个顶层设计指导意见+N个分类实施管理办法"（对应各类市场化和保障性并网消纳项目），指导全区风电、光伏发电项目进行资源配置和开发建设，科学有序地推动自治区经济社会全面绿色转型。

市场化消纳项目政策持续更新

为加快新能源多元化场景应用，推进市场化消纳新能源项目建设，促进自治区产业转型升级，内蒙古自治区能源局2022年印发了《内蒙古自治区源网荷储一体化项目实施细则（2022年版）》《内蒙古自治区燃煤自备电厂可再生能源替代工程实施细则（2022年版）》《内蒙古自治区风光制氢一体化示范项目实施细则（2022年版）》，以及《内蒙古自治区工业园区绿色供电项目实施细则（2022年版）》《内蒙古自治区全额自发自用新能源项目实施细则（2022年版）》《内蒙古自治区火电灵活性改造消纳新能源实施细则（2022年版）》等系列配套实施细则，全力推动市场化消纳成为未来区内新能源消纳利用的主要模式。

配套储能政策逐步明确

2022年，内蒙古自治区人民政府办公厅印发《自治区支持新型储能发展若干政策（2022—2025年）》，再次明确新建保障性并网新能源项目，配建储能原则上不低于新能源项目装机容量的15%，储能时长在2小时以上，保障性并网风电光伏电站配建的储能也可通过合建或改建方式整合为电源侧独立新型储能电站，接入电网并由电网直接调度，提高储能利用效率和新能源消纳能力。新建市场化并网新能源项目，配建储能原则上不低于新能源项目装机容量的15%，储能时长在4小时以上。

沙漠、戈壁、荒漠基地稳步推进

2022年，内蒙古全力推进库布其、乌兰布和、腾格里、巴丹吉林四大沙漠地区大型风电光伏基地规划布局，形成了基地建设的实施方案。积极推动已纳入国家第一批、第二批大型风电光伏基地项目的建设，第一批 2020 万 kW 项目已全部开工，第二批 1188 万 kW 项目正在开展前期工作，第三批 1170 万 kW 项目已上报至国家等待批复。

4.4 投资建设

发电成本受硅料影响出现上涨

2022 年光伏产业链价格整体呈上涨走势，尤其是硅料环节，其次为硅片、电池片、组件行业，全国太阳能发电项目建设成本较 2021 年有明显增加。内蒙古自治区 2022 年光伏电站单位千瓦平均造价约 3970 元（见表 4.2），同比上涨约 4.5%；分布式光伏电站单位千瓦造价约 3700 元，同比上涨约 2.8%。

表 4.2　2022 年内蒙古自治区光伏发电项目单位千瓦建设投资

投资构成	单位千瓦建设投资 / 元
光伏组件	1950
逆变器	150
支架	340
汇流箱、箱变等主要电气设备	140
电缆	200
通信、监控及其他设备	80
建安工程	490
土地成本	220
电网接入	200
前期开发及管理费	200
合计	3970

光伏组件占造价总成本比例增高

光伏发电系统投资主要由组件、逆变器、支架、电缆等主要设备成本，以及建安工程、土地成本及电网接入、前期开发及管理费用等部分构成。以内蒙古自治区 2022 年典型光伏电站为例，光伏组件占到了总投资的 49%（见图 4.7），仍是最主要的构成部分。受组件上游硅料价格上涨影响，2022 年光伏组件价格上涨；逆变器、支架价格略有下降，建安工程、土地成本略上升，其他基本持平。

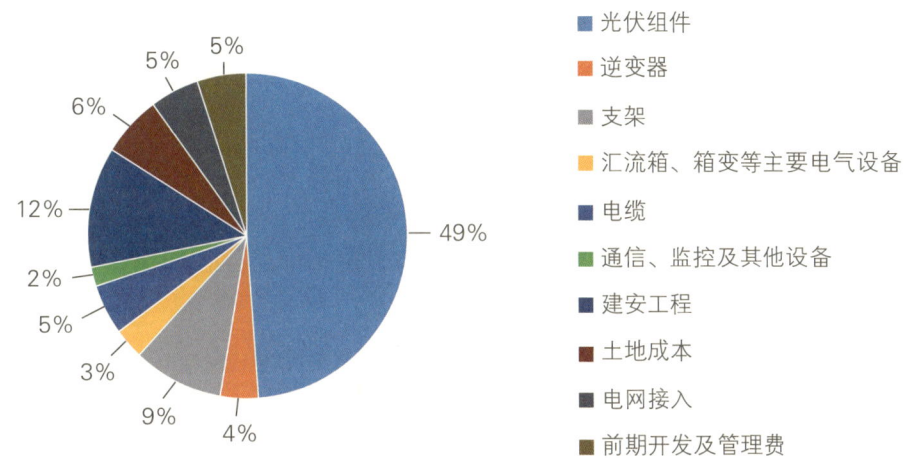

图 4.7　2022 年内蒙古自治区光伏发电项目单位千瓦建设投资构成

4.5　运行消纳

年利用小时数稳步回升

2022年，内蒙古自治区太阳能发电平均年利用小时数为1610h，同比增长51h，增长约3.3%（见图4.8）。其中蒙东地区太阳能发电年平均利用小时数为1561h；蒙西地区太阳能发电年平均利用小时数为1624h。分盟（市）看，乌兰察布市、鄂尔多斯市、包头市2022年年平均利用小时数位居全自治区前三，分别为1767h、1710h和1671h（见图4.9）。

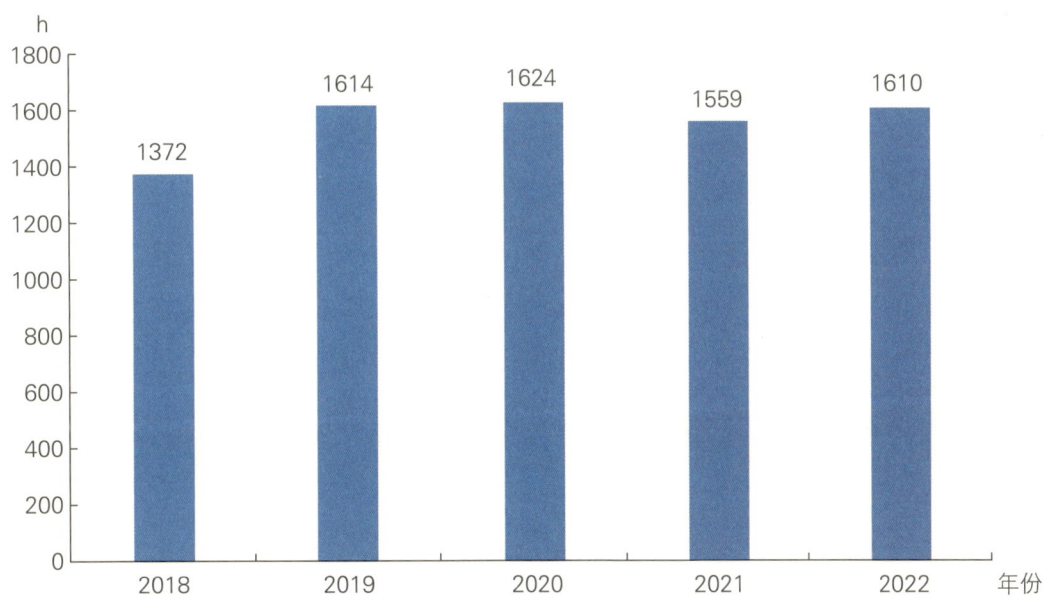

图 4.8　2018—2022 年内蒙古自治区太阳能发电年平均利用小时数对比

注：由于2018年一大批太阳能发电项目年中并网，因此平均年利用小时数较低。

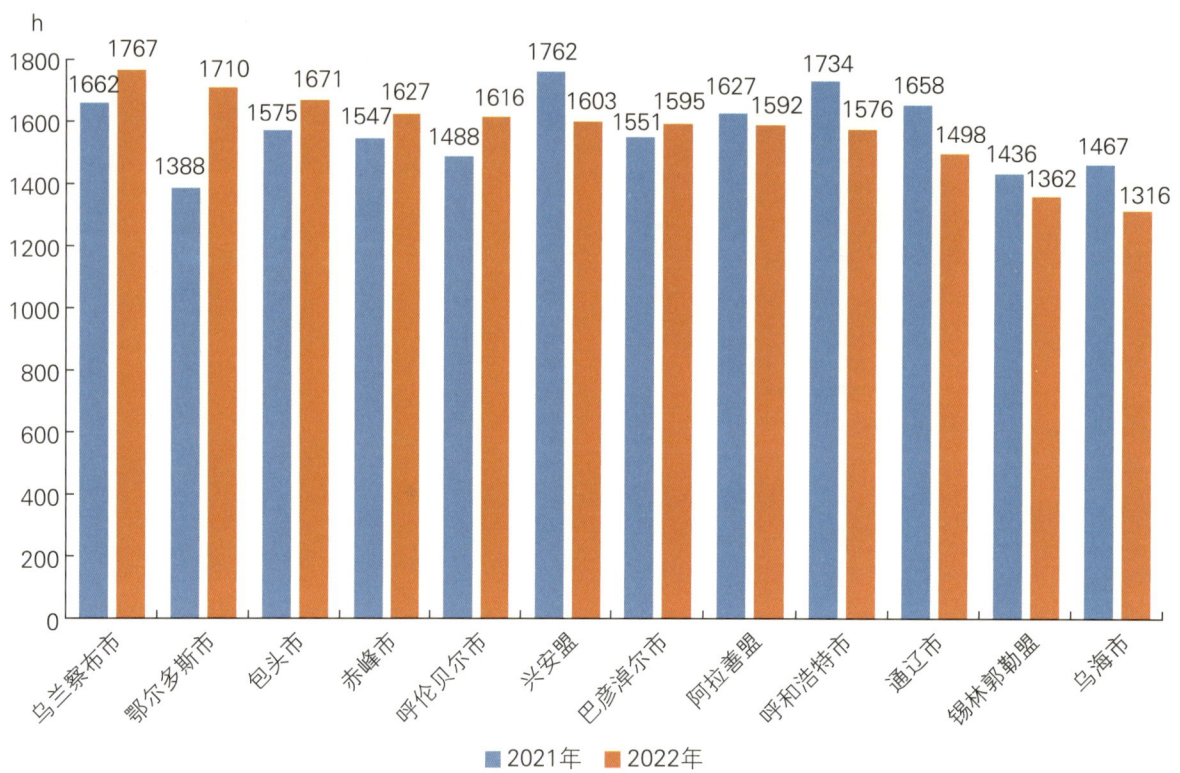

图 4.9　2021 年、2022 年内蒙古自治区各盟（市）太阳能发电年平均利用小时数对比

电力消纳持续优化

2022 年，内蒙古自治区推动网源协调规划发展、新能源接网服务稳步提升，以及电网转型升级、电源结构优化、电能替代、系统调节能力提升等一系列举措的推进，自治区太阳能发电消纳条件持续优化，自治区近 5 年太阳能发电利用率均在 97% 以上。2022 年，自治区弃光电量 5.5 亿 kW·h，弃光率 2.4%（见图 4.10）。其中蒙西地区 2022 年弃光电量 4.7 亿 kW·h，弃光率 2.6%；蒙东地区 2022 年弃光电量 0.8 亿 kW·h，弃光率 1.4%。

弃光限电继续保持在较低水平的主要原因如下：

一是电网配套服务持续优化。开展电源发展专题研究工作，科学布局新能源开发建设方案；推动网源协调发展，将新能源发展模式由"网随源走"转变为"源随网走"；持续做好接网服务，对不同类型项目实施差异化管理，加快前期工作办理，确保网源投产时序匹配。

二是坚持集中式和分布式发展并举。广泛扩展可再生能源应用场景，提升可再生能源存储和消纳能力；继续积极支持各地区分布式太阳能发电开发，促进电力的就地消纳。

三是推进火电灵活性改造释放消纳空间。结合《煤电节能降耗及灵活性改造行动计划（2021—2023 年）》，持续优化煤电项目调峰能力及外送配套灵活性改造，提高新能源消纳容量。

四是新能源参与电力市场化交易持续提升、跨省跨区输电通道送电能力提高、电力系统灵活性进一步加强等因素，也是自治区太阳能发电弃光现象得以改善的重要原因。

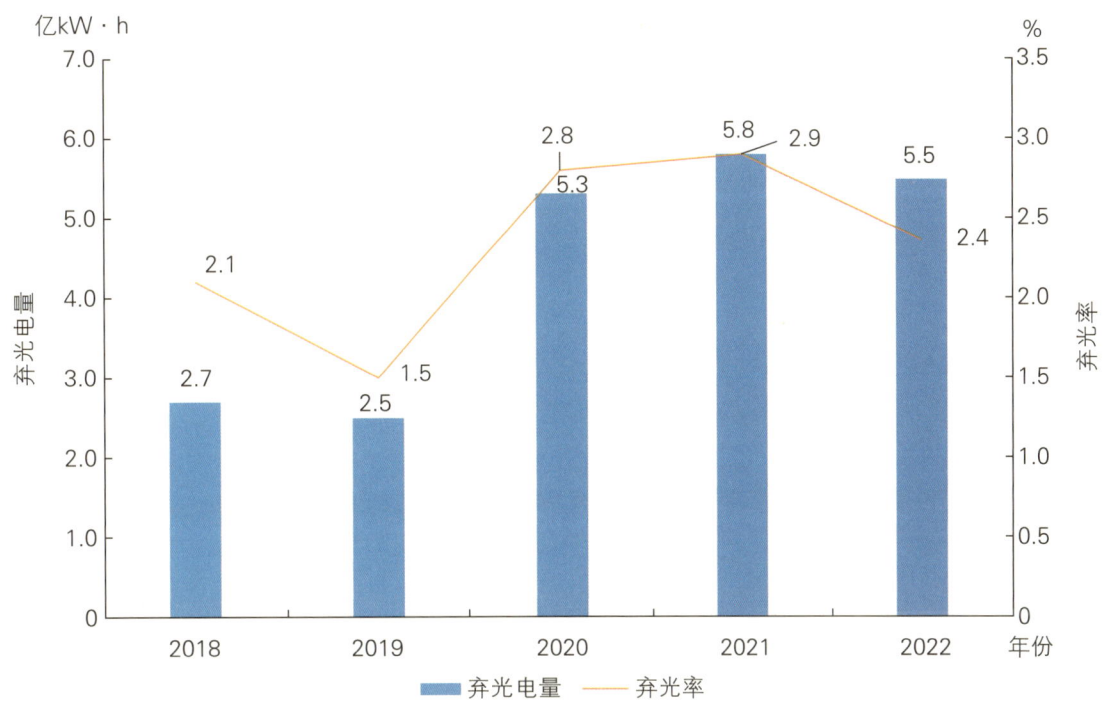

图4.10　2018—2022年内蒙古自治区弃光电量和弃光率变化趋势

4.6　技术进步

内蒙古自治区是我国重要的新能源基地，主要以风电、太阳能发电开发为主，开发规模位居全国前列。在产业政策引导和市场需求驱动的双重作用下，依托丰富的多晶硅原料等优势，内蒙古自治区多晶、单晶硅产能位居国内前列，成为国内太阳能晶硅材料的重要制造基地，太阳能晶体研发实力大幅提升。

多户企业入选光伏制造行业规范条件企业

为加强光伏制造业行业管理，引导产业加快转型升级、实现高质量发展，按照工业和信息化部《关于开展光伏、印制电路板行业规范公告申报工作的通知》（工电子函〔2021〕231号）文件要求，依据具有领先的科研能力和服务能力、完善的运行机制、拥有高水平的专业人员队伍，行业或地区内公信度高、服务面广、具有示范带动作用等条件，内蒙古中环协鑫光伏材料有限公司、包头晶澳太阳能科技有限公司、包头美科硅能源有限公司 3 家获得工业和信息化部《光伏制造行业规范条件》企业名单（第十批）认定。2022 年 12 月工业和信息化部公示符合《光伏制造行业规范条件》企业名单（第十一批），弘元新材料（包头）有限公司（硅锭、硅棒）成功入列。

首块高效光伏组件下线

2022 年 8 月，内蒙古鄂尔多斯市准格尔旗大路工业园区成功下线内蒙古首块 210 高效光伏组件。标志着内蒙古自治区在光伏组件装备制造产业实现"零的突破"，改变了自治区只有光伏原材料，没有光伏装备产品的历史，打通了光伏产业上下游产业链，实现了产品与终端市场的紧密衔接。

生产装备技术提升，组件性能大幅提高

内蒙古自治区光伏工艺制造水平持续提升，单晶硅片、多晶硅片厚度降速明显，但下游电池片、组件制造端对硅片进一步薄片化的需求量较小，无继续减薄的动力。主流多晶硅片厚度基本维持在 170μm 水平；p 型单晶硅片平均厚度在 155μm 左右，较 2021 年下降 15μm；用于 TOPCon 电池的 n 型硅片平均厚度为 140μm，用于异质结电池的硅片厚度约 130μm。组件尺寸向大尺寸方向发展，2022 年 156mm 尺寸占比降低至 20% 以下，182mm 和 210mm 尺寸合计占比迅速提升，未来占比仍将快速扩大；光伏组件功率往更大的方向发展，常规多晶黑硅组件、PERC 多晶黑硅组件功率分别约为 345W、425W，采用 166mm、182mm 尺寸 72 片 PERC 单晶电池的组件功率已分别达到 455W、550W，采用 210mm 尺寸 66 片 PERC 单晶电池的组件功率达到 660W，P 型高效单晶 PERC 电池片占据市场绝对主流，双面组件逐步成为市场主流，效率更高的高效 n 型 TOPCon、HJT、IBC 和钙钛矿电池等新技术逐步落地。

能源数字化稳步推进

深化数字技术与新能源场站的融合，促进光伏项目的开发、建设、运维、管理等全流程数字化提升，加快数字光伏电站建设。内蒙古乌兰察布市三峡现代能源创新示范园于 2022 年建成投产，园区中"源网荷储"技术研发试验基地投运了三峡科学技术研究院研发的一批先进科研成果，"源网荷储一体化"功率路由器示范工程、大规模新能源及储能综合仿真与实验平台、兆瓦时级固态锂离子电池储能关键技术及工程应用项目等创下了多个"国内之最"和"行业首次"纪录。

4.7 发展趋势及特点

光伏产业高度集中，延链补链初见成效

内蒙古自治区太阳能相关产业主要以光伏产业链为主，主要集中在产业上游，以生产多晶硅料、单晶/多晶硅片为主，近年来通过不断延伸产业链、优化创新链、提升价值链，推动内蒙古光伏产业高质量发展。内蒙古自治区现有光伏装备制造已投产项目 32 项，其中多晶硅项目 6 项、年产能 11.6 万 t，硅片项目 3 项、年产能 4800 万 kW，光伏组件项目 3 项、年产能 1000 万 kW，石英坩埚项目 3 个、年产能 30 万个，晶棒项目 16 个、年产能 1.7 亿 kW，逆变器项目 1 个、年产能 1500 万 kW，实现产值达 1200 亿元。

发电量稳步提升，资源利用率维持在较高水平

2022 年，内蒙古 6MW 及以上太阳能发电年发电量达到 228 亿 kW·h，同比增长 12.3%，占全部电源总年发电量的 3.52%，太阳能发电利用率达 97.6%，可再生能源利用率维持在较高水平。

整县屋顶光伏有序推进，深挖光伏发展潜力

内蒙古自治区屋顶资源丰富、分布广泛，内蒙古自治区 11 个县（市、区）入选国家整县（市、区）屋顶分布式光伏开发试点名单。截至 2022 年底，内蒙古自治区已备案整县分布式光伏容量近 100 万 kW，已开工的整县分布式光伏容量超过 30 万 kW。

储能政策逐渐明晰，储能并网容量初具规模

《自治区支持新型储能发展若干政策（2022—2025 年）》等文件，再次明确新建保障性并网新能源项目、新建市场化并网新能源项目的配建储能容量、时长要求。截至 2022 年底，内蒙古自治区储能并网容量超过 30 万 kW。

多元化场景应用政策出台，释放光伏产业活力

内蒙古自治区能源工作深入贯彻党的二十大精神和"四个革命、一个合作"能源安全新战略，《关于推动全区风电光伏新能源产业高质量发展的意见》以及各类市场化并网新能源项目实施细则的陆续出台，为自治区光伏发电项目拓宽了应用场景。2022 年自治区共批复各类市场化并网新能源项目总规模超过 2000 万 kW，其中光伏超过 1000 万 kW。

大基地建设提速，成为新能源发展重点

内蒙古全力积极推动已纳入国家第一批、第二批大型风电光伏基地项目建设，第一批 2020 万 kW 项目已全部开工，第二批 1188 万 kW 项目正在开展前期工作，第三批基地项目已上报国家。制定实施以沙漠、戈壁、荒漠地区为重点的大型风电光伏基地，目前已批复 3 个基地项目，总装机规模达 3600 万 kW，积极推进大型风电光伏基地是实现我国能源安全保障的重要组成部分，也是自治区未来新能源发展的重点。

4.8 发展方向

支持技术创新

加大研发投入力度，不断提升企业技术创新能力，支持企业建设产品设计研发中心、产品实验平台。着力提升光伏原材料设备转化率和系统发电效率。开展新型晶体硅电池低成本高质量产业化制造技术研究，攻关钙钛矿等新型高效太阳能电池关键技术，提升光伏发电系统的效率。

健全政策机制

内蒙古自治区适应新能源大规模开发的新型电力系统建设刚刚起步，继续健全促进电网调峰与消纳的实时电价、容量电价和辅助服务价格等机制，进一步完善鼓励灵活调节能力建设和绿色电力消纳的市场化机制。

推动生态治理

加快建设内蒙古自治区纳入国家第一批、第二批大型风电光伏基地新能源项目，落实国家大型风电光伏基地规划布局方案，开展沙漠、戈壁、荒漠地区大型风电光伏基地规划及前期工作。推进"光伏 + 生态治理"模式，鼓励利用露天矿排土场、采煤沉陷区土地发展光伏发电项目。

推进产业融合

推进新能源开发与新能源装备制造业发展。支持新能源开发与新能源装备制造一体化项目建设，支持新能源开发建设企业就近采购新能源装备，做大做强"呼包鄂通"四大风光氢储全产业链装备制造基地，努力在新能源领域再造一个"工业内蒙古"，为作好现代能源经济这篇文章提供有力支撑。

5　常规水电及抽水蓄能

常规水电及抽水蓄能

5.1 发展基础

在 2020 年 12 月启动的新一轮抽水蓄能中长期规划资源站点普查中，综合考虑地理位置、地形地质、水源条件、水库淹没、环境影响、工程技术及初步经济性等因素，全自治区共有 4 个项目被纳入《抽水蓄能中长期发展规划（2021—2035 年）》（以下简称中长期发展规划）重点实施项目，总装机容量 460 万 kW；7 个项目被纳入中长期发展规划储备项目，总装机容量 710 万 kW。

5.2 发展现状

已建投产抽水蓄能电站持续发挥作用，在建项目工程建设稳步推进，重点实施项目前期工作稳步开展。

（1）已建呼和浩特抽水蓄能电站（120 万 kW）服务于蒙西电网，在电力系统调峰填谷、调频调相、事故备用，助力新能源消纳等方面发挥重要作用，2022 年累计发电量 13.172 亿 kW·h。

（2）在建芝瑞抽水蓄能电站（120 万 kW），于 2017 年核准开工建设，目前项目已经进入主体工程施工阶段。上水库大坝填筑完成 40.7%；上水库库盆开挖完成 84.3%。下水库拦沙坝填筑完成 24%；拦河坝填筑完成 15%；下水库进出水口明挖完成 84%。引水系统上部施工支洞完成 74.7%；1 号引水系统中平洞、下平洞、上斜井导孔、下斜井导孔开挖完成，上平洞累计完成 47%；2 号引水系统中平洞、下平洞、上斜井导孔、下斜井导孔开挖完成，上平洞累计完成 28%；尾水施工支洞开挖完成；尾水系统水平段全部开挖完成。地下厂房一层、二层开挖完成；主变室一层开挖完成；地面开关站场平完成。

（3）在建乌海抽水蓄能电站（120 万 kW），于 2022 年 1 月获得核准批复。目前项目已全面开工建设，已完成通风兼安全洞工程洞累计进洞尺寸 702m，交通洞工程完成 TBM 导洞开挖累计完成 1207m。

（4）美岱抽水蓄能电站于 2021 年 12 月召开预可行性研究报告审查会议。经现场查勘和会议讨论，认为工作内容和深度基本满足预可行性研究阶段工作要求。美岱抽水蓄能电站供电范围为内蒙古电网，目前主要服务于蒙西电网，设计水平年采用2030年。初选电站装机容量120万kW，初拟电站额定水头298m。

（5）太阳沟抽水蓄能电站完成预可行性研究报告并于2023年1月通过审查。经现场查勘和会议讨论，认为工作内容和深度基本满足预可行性研究阶段工作要求。太阳沟抽水蓄能电站供电范围为内蒙古电网，同时服务于新能源消纳，设计水平年采用2030年。初选电站装机容量120万kW，初拟电站额定水头389m。

5.3 投资动态

在建工程芝瑞抽水蓄能电站，2022年完成投资9.5亿元，项目累计完成投资24.45亿元。

在建工程乌海抽水蓄能电站，核准总投资为86.11亿元，已完成投资0.3亿元。

根据美岱抽水蓄能电站预可行性研究成果，按照2021年第四季度价格水平，工程静态总投资（不含送出工程投资）初步确定为66.53亿元，考虑价差预备费、建设期利息，工程总投资初步确定为81.75亿元。

根据太阳沟抽水蓄能电站预可行性研究成果，按照2022年第四季度价格水平，工程静态总投资（不含送出工程投资）为78.26亿元，考虑价差预备费、建设期利息，工程总投资为93.86亿元。

5.4 建设管理

总结多年的工程经验，抽水蓄能电站建设已形成系统化管理。2022年5月，可再生能源发电工程质量监督站组织专家组对芝瑞抽水蓄能电站工程进行了下水库截流阶段质量监督检查（总第四次）。经现场检查和资料查阅，认为芝瑞抽水蓄能电站工程建设单位重视工程质量管理工作，各项规章制度较齐全并能得到贯彻落实。

5.5 运行监测

2022年呼和浩特抽水蓄能电站具体运行情况为：发电方向开机次数1510次、抽水方向开机次数1335次、发电方向运行小时数5820h、抽水方向运行小时数5985h、发电电量13.172亿kW·h、上网电量13.09亿kW·h、抽水电量16.66亿kW·h、用网电量16.78亿kW·h。

5.6 技术进步

在抽水蓄能电站技术水平方面，设计施工、设备制造等自主创新研发能力不断提升。内蒙古抽水蓄能电站在建设施工、设备制造等方面均采用先进技术。

5.7 发展特点

抽水蓄能前期工作平稳推进。内蒙古自治区重视抽水蓄能发展质量，各抽水蓄能项目平稳推进。截至2022年底，在中长期发展规划重点实施项目中，乌海项目已完成可行性研究阶段工作并获得核准，全面开工建设；美岱项目完成预可行性研究阶段工作，正在开展可行性研究阶段勘测设计工作；太阳沟项目开展了预可行性研究阶段勘测设计工作，并于2023年1月通过了预可行性研究报告审查。

5.8 发展趋势

抽水蓄能是当前技术最成熟、经济性最优、最具大规模开发条件的电力系统绿色低碳清洁灵活安全的调峰、储能电源，与风电、太阳能发电等配合效果较好。除用于解决自身电力系统调节储能需要外，内蒙古自治区还将围绕沙漠、戈壁、荒漠大型风电光伏基地配套建设一批抽水蓄能电站，以提升自治区电力外送能力与外送质量，助力新能源资源的开发和消纳。

5.9 发展建议

已经被纳入中长期发展规划重点实施项目的抽水蓄能站点，应加快前期工作进度，尽快核准开工建设，发挥调峰、储能作用。

围绕自身电力系统调节储能需要和沙漠、戈壁、荒漠大型风电光伏基地配套调节电源需要，继续开展抽水蓄能站点资源普查，优中选优，开展新增项目纳规工作。

尽快出台《内蒙古自治区抽水蓄能项目管理办法》，推动内蒙古自治区抽水蓄能健康有序高质量发展。

6　生物质能

6.1 资源概况

内蒙古自治区生物质资源较为丰富，可供利用的包括农作物秸秆、林业废弃物、畜禽粪便、城乡生活垃圾和有机加工剩余物等，各盟（市）可能源化利用的生物质资源总量相当于 1658 万 t 标准煤。其中，农作物秸秆 1779 万 t，折合成标准煤约 889 万 t；畜禽粪便 2773 万 t，按制沼气利用折合成标准煤约 107 万 t；林业废弃物 980 万 t，折合成标准煤约 628 万 t；生活垃圾焚烧发电折合成标准煤约 19 万 t；有机加工剩余物、有机废水等折合成标准煤约 15 万 t。内蒙古自治区可能源化利用的生物质资源基本情况如图 6.1 所示。

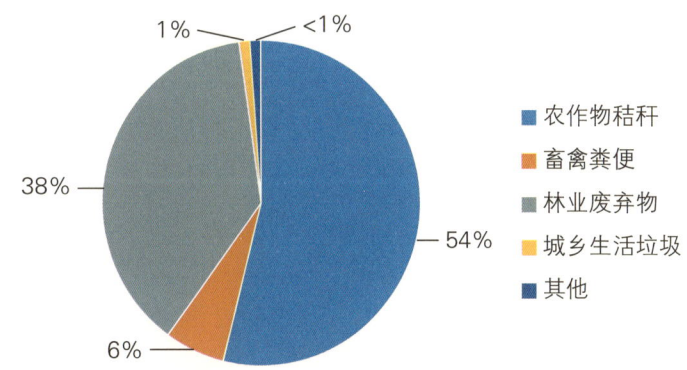

图 6.1　内蒙古自治区可能源化利用的生物质资源基本情况

6.2 发展现状

发展稳步推进，可开发潜力大

生物质发电规模快速增长。截至 2022 年底，内蒙古自治区生物质发电累计并网装机 46.0 万 kW，较 2021 年增长 21.1%，如图 6.2 所示。农林生物质发电 33.2 万 kW，较 2021 年增加 3.8 万 kW；垃圾焚烧发电 12.6 万 kW，较 2021 年增加 3.9 万 kW；沼气发电 0.29 万 kW，与 2021 年持平，生物质能发电量折合成标准煤约为 21.9 万 t。其中，通辽市的生物质发电规模最大，并网装机容量达到 15.6 万 kW，较 2021 年增加 5.3 万 kW。

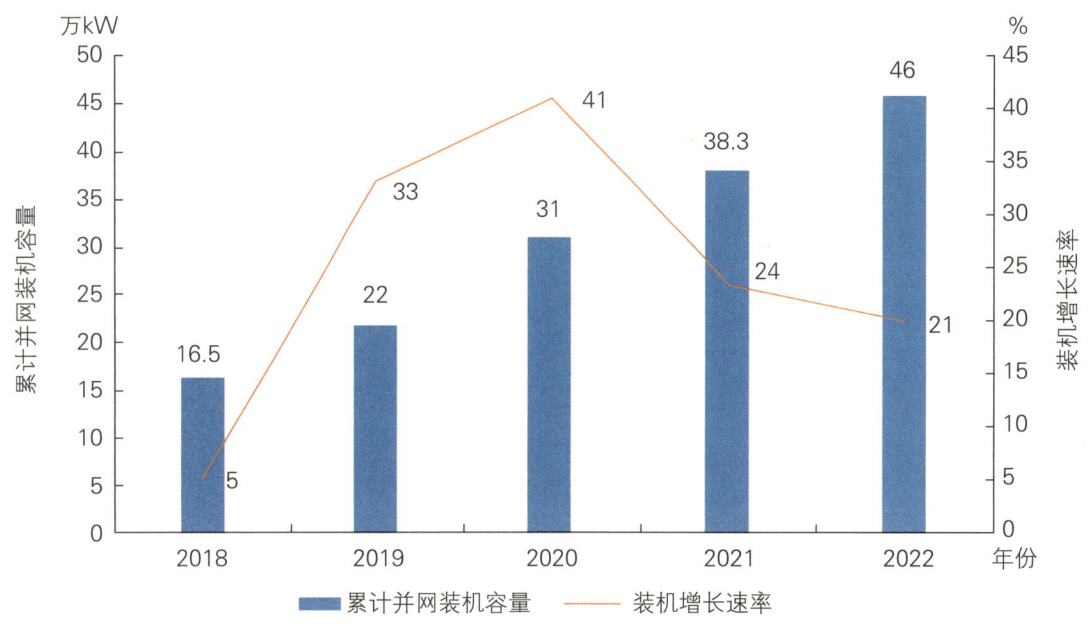

图 6.2　2018—2022 年内蒙古自治区生物质发电总装机容量及变化趋势

6.3　前期管理

生物质供暖开发助力乡村振兴

农林生物质资源的综合利用具备工农互补的特点，契合国家乡村振兴战略，对推动循环经济发展和富农惠农具有重要意义。2022 年 3 月《内蒙古自治区"十四五"可再生能源发展规划》明确充分利用当地秸秆资源开展生物质发电供暖示范，实现旗（县）区域生物质供暖规模化替代，提升可再生能源消费占比，推广生物质碳化与固化及高效低排节能炉具。以生物质供热工程为主的乡村供给体系，有效减少污染、改善民生、提升基础设施水平，解决乡村用能矛盾、优化农村能源结构、改变用能方式。国家能源局、农业农村部、国家乡村振兴局三部门联合出台《加快农村能源转型发展助力乡村振兴的实施意见》，提出建设规模化生物质热电联产、生物质天然气项目、生物质热解气化项目、生物质液体燃料项目，就近满足乡镇生产生活用电、用热、用气、用油需要。合理发展以农林生物质、生物质成型燃料等为主的生物质锅炉供暖，积极推动生物质能清洁供暖，到 2025 年建成一批农村能源绿色低碳试点项目，提升生物质能等新能源占农村能源的比重。

有序发展生物质热电联产

2022年3月，《内蒙古自治区"十四五"可再生能源发展规划》指出，稳步推进生物质发电优化发展。蒙西以黄河沿线地区为主，蒙东以呼伦贝尔市、通辽市、赤峰市为主，在农林生物质资源丰富地区，有序推进农林生物质热电联产项目。结合城镇生活垃圾处置需要，围绕垃圾无害化处理与资源化利用，鼓励重点城镇开展垃圾焚烧发电项目建设。在畜禽养殖废弃物资源、城镇生活污水以及工业有机废水量较大的地区，推进大中型沼气发电项目建设。到2025年，生物质发电装机（含热电联产）达到60万kW。2022年11月，《内蒙古自治区推动城乡建设绿色发展实施方案》指出加快热电联产余热、工业余热供暖规模化应用。

稳步推进生物质供暖

2022年9月《自治区"十四五"可再生能源发展规划》实施工作，加快推动"十四五"期间内蒙古自治区农林生物质发电项目建设，推动自治区新能源高质量发展，在各盟（市）能源主管部门组织本地区"十四五"拟新增农林生物质发电项目审核、申报的基础上，自治区能源局按照科学客观、公平公正的原则，组织开展了自治区"十四五"新增农林生物质发电项目建设方案优选评估工作。项目评估结果确认，最终自治区有超过40万kW农林生物质项目纳入自治区"十四五"可再生能源发展规划。

生物质体制机制不断完善

2022年1月29日，国家发展改革委、国家能源局发布《"十四五"现代能源体系规划》，指出加强安全战略技术储备，大力发展纤维素燃料乙醇、生物柴油、生物航空煤油等非粮生物燃料。因地制宜发展其他可再生能源，推进生物质能多元化利用，稳步发展城镇生活垃圾焚烧发电，有序发展农林生物质发电和沼气发电，因地制宜发展生物质能清洁供暖，在粮食主产区和畜禽养殖集中区统筹规划建设生物天然气工程，促进先进生物液体燃料产业化发展。2022年1月30日，国家发展改革委、国家能源局发布《关于完善能源绿色低碳转型体制机制和政策措施的意见》，指出推进交通运输绿色低碳转型，推行绿色低碳交通设施装备，推行先进生物液体燃料、天然气等清洁能源交通工具。完善规模化沼气、生物天然气、成型燃料等生物质能和地热能开发利用扶持政策和保障机制。完善油气清洁高效利用机制，支持生物燃料乙醇、生物柴油、生物天然气等清洁燃料接入油气管网。加快纤维素等非粮生物燃料乙醇、生物航空煤油等先进可再生能源燃料关键技术协同攻关及产业化示范。2022年6月24日，国家能源局等九部门发布《科技支撑碳达峰碳中和实施方案（2022—2030年）》，指出发展能源绿色低碳转型支撑技术，研究掺烧生物质等高效低碳工业锅炉技术、装备及检测评价技术。开展生物质发电技术研发，研发推广生物航空煤油、生物柴油、纤维素乙醇、生物天然气、生物质热解等生物燃料制备技术，研发生物质基材料及高附加值化学品制备技术、低热值生物质燃料的高效燃烧关键技术。

6.4 投资建设

2021—2022年，内蒙古自治区核准的生物质发电项目共10个，总投资高达26.3亿元，投资稳定增长。其中，农林生物质发电单位造价为1.1万元/kW，总投资约12.73亿元，占总投资的47%；生活垃圾焚烧发电单位造价为56万元/（t·d），总投资约14.6亿元，占总投资的53%。

6.5 运行消纳

2018—2022年我国生物质发电年平均利用小时数存在一定幅度上升，2022年我国生物质发电年平均利用小时约4515h。2018—2022年，内蒙古自治区生物质发电年平均利用小时数如图6.3所示。因财政补贴等原因，2018—2022年内蒙古自治区垃圾焚烧发电年平均利用小时数存在一定幅度下降，2022年垃圾焚烧发电年平均利用小时数为4995h，较2021年下降16%；2018—2022年，内蒙古自治区农林生物质发电年平均利用小时数出现一定幅度降低，2022年农林生物质发电年平均利用小时数为2462h，较2021年下降6%，为近5年最低值。

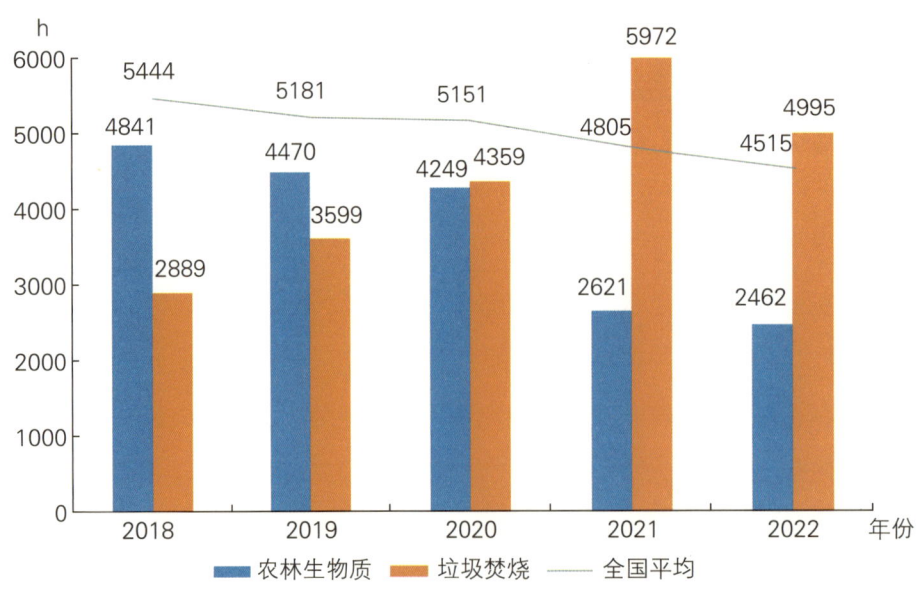

图6.3　2018—2022年内蒙古自治区生物质发电年平均利用小时数

6.6 技术进步

目前，生物质能行业发展以生活垃圾焚烧发电、农林生物质发电和沼气发电为主，并重点围绕生物质发电技术、生物质气化技术、生物质液体燃料技术开展技术研发。主要为生物质热电联产效率不断提高，生物天然气转型升级趋势明显。

生物质热电联产效率不断提高

国内生物质热电联产技术是在燃煤发电机组技术之上改进而来，经优化设计的燃烧炉膛能更好地保证农作物秸秆、生物质固体成型燃料充分燃烧，有效拓展生物质电厂的燃料来源。近年来，生物质锅炉参数不断提高，从中温中压提升至高温超高压，锅炉热效率显著提升。目前，热电联产的电站锅炉热效率可以达到80%～90%。自治区积极推广固体成型燃料与专用锅炉配套使用，并配合回收冷却塔余热供热，增强供热能力，实现不同品质能量的梯级利用，不仅提高了能源的利用效率，而且减少了碳化物和有害气体的排放，可以有效替代燃煤小锅炉。

生物天然气转型升级趋势明显

从最初的农村村户用沼气发展到规模化沼气工程，再进一步升级为规模化生物质天然气工程。随着产业升级，核心厌氧发酵技术也从最初的静置厌氧发酵发展成为自动化程度更高、更适合工业化生产的全混式厌氧发酵技术。与之配套的沼气提纯技术，诸如变压吸附提纯、膜提纯等技术被引入国内并广泛应用，已形成了稳定成熟的"厌氧＋提纯"的生产技术路线。

6.7 发展趋势及特点

随着生物质发电技术进步，生物质发电产业的装备能力和制造成本有一定幅度的下降。国家发展改革委、财政部、国家能源局发布的《完善生物质发电项目建设运行的实施方案》指出，规划内已核准未开工、新核准的生物质发电项目全部通过竞争方式配置并确定上网电价；新纳入补贴范围的项目补贴资金由中央和地方共同承担，分地区合理确定分担比例，中央分担部分逐年调整并有序退出。已纳入可再生能源发电补贴清单范围的项目，所发电量超过全生命周期补贴电量的部分，不再享受中央财政补贴资金。

垃圾焚烧发电项目收入构成中包含较为稳定的垃圾处理费，上网电价的国补退坡对项目盈利影响较小。农林生物质发电项目收入相对单一，生物质原材料成本占运营成本的60%～70%，发电成本不具备大幅下降空间，国补退坡对项目盈利影响较大。在此背景下，生物质发电行业应通过提升生产技术、优化运营管理模式等方式降低项目成本，提升能源利用效率，同时推动生物质纯电机组向热电联产转型，积极参与市场化碳交易，拓展项目的非电收入，降低项目盈利对补贴的依赖，推动生物质发电行业可持续发展。

6.8 发展建议

稳步推动垃圾燃烧发电

目前，内蒙古自治区垃圾处理方式以卫生填埋为主，垃圾焚烧发电尚处于发展阶段。相较于卫生填埋、堆肥等无害化处理方式，垃圾焚烧发电具有处理效率高、资源可回收利用、对环境影响相对较小等优势，是垃圾处理行业的主流发展方向。《城镇生活垃圾分类和处理设施补短板强弱项实施方案》提出到2023年基本实现原生生活垃圾"零填埋"。基于此，自治区应加大生活垃圾无害化处理设施建设力度，健全生活垃圾分类、资源化利用、无害化处理相衔接的收转运体系。大力推动垃圾焚烧发电项目建设，生活垃圾日清运量超过300t的地区，加快发展以焚烧为主的垃圾处理方式，适度超前规划与生活垃圾清运量相适应的焚烧发电项目。鼓励跨区域统筹建设垃圾焚烧发电，在生活垃圾日清运量不足300t的地区探索开展小型生活垃圾焚烧发电试点项目建设。

加速生物质发电向热电联产转型

因地制宜发展农林生物质发电、垃圾焚烧发电，生物质直燃发电向热电联产转型，探索开展区域智慧能源建设，形成多能互补的能源格局。稳步发展城镇生活垃圾焚烧热电联产，加快常规生物质发电项目供热改造，推进小火电改生物质热电联产。在集中村、新兴小城镇、建成镇、市周边推广使用生物质成型燃料专用采暖锅炉，通过"固体成型燃料＋专用锅炉"的形式，提高生产效率，持续做好自治区冬季清洁取暖推进工作。生物质发电项目向热电联产转型可拓展收入来源，降低对补贴的依赖，改善项目现金流，缩短投资回报周期，一定程度上弥补国补退坡对项目盈利能力带来的负面影响。

进一步推动生物天然气布局

《关于促进生物天然气产业化发展的指导意见》指出，加快推进规模化生物天然气工程，到2025年生物天然气年产量要超过100亿m^3，到2030年生物天然气年产量要超过200亿m^3。内蒙古自治区应制定生物天然气发展中长期规划，统筹项目规模与布局，以旗、县为单位围绕生物天然气产业发展，量化生物天然气发展目标，完善配套政策，确保项目落地。在禽畜粪污处理紧迫，用气需求量大的区域，推进生物质天然气农村能源站示范。通过一定的政策支持，促进污水回收、原料收集与预处理、能源站产气储气净化及后处理等各环节产业链发展，全方位推动新农村的环保、市政建设和循环农业发展。

7　地热能

7.1 资源概况

地热能具有储量大、分布广、稳定可靠等特点，是"双碳"背景下能源革命和绿色能源体系中的重要组成部分。内蒙古自治区地热资源开发利用由于其地质条件不同，开发利用程度也不尽相同。主要分为隆起山地型浅层地热田和盆地型深层地热田。内蒙古是温泉广布和利用热水历史悠久的省份，但系统性的地热资源研究起步较晚，研究程度较低。1997年前仅对山地对流型地热资源进行过初步勘查，并在此基础上，2000年在呼和浩特市完成了全区山前平原盆地型第一眼地热钻孔，之后随着自治区地勘基金的不断投入，先后对凉城县、宁城县、克什克腾旗、敖汉旗、阿尔山山地对流型地热资源和河套盆地、鄂尔多斯盆地、二连盆地群、西辽河盆地、海拉尔盆地、额济纳盆地等沉积盆地型深层地热田进一步进行了勘查。2010年在河套盆地、西辽河盆地先后成功打出地热水，初步查明了地热资源的分布状况。

浅层地温能

浅层地热资源丰富，分布广泛。内蒙古自治区浅层地温能主要分布在河套平原、西辽河平原、阿拉善高原、鄂尔多斯高原和内蒙古北部高原，开发利用适宜和较适宜区总面积 67.9 万 km^2，占全区国土总面积的 58%，容量 $22.03×10^{16}kJ/℃$，可利用资源总换热功率为 $223.92×10^8kW/999.08×10^8kW$（冬季/夏季）。全区浅层地温能资源约占全国浅层地温能年可采资源量的 14%。全区 12 个主要盟（市）政府所在地城镇规划区浅层地热能开发利用适宜和较适宜区总面积 $2160.78km^2$，占城镇规划区总面积的 57%，容量 $10.99×10^{14}kJ/℃$，折合 9782.29 万 tce，冬季可供暖面积 21.34 亿 m^2，夏季可制冷面积 35.07 亿 m^2，可减少煤灰、氮氧化物、二氧化碳、悬浮质粉尘等排放量 7405.08 万 t。其中呼和浩特市、包头市和巴彦淖尔市临河区 3 个主要城区浅层地热能容量 $7.16×10^{14}kJ/℃$，折合 8546.69 万 tce，冬季可供暖总面积为 14.67 亿 m^2，夏季可制冷总面积为 23.61 亿 m^2。

水热型地热资源

自治区水热型地热资源丰富，分布相对集中。水热型地热包括隆起山地对流型和沉积盆地型，一般埋藏深度 200~3000m，流体温度 25~100℃，地热载体均为中低温热水。隆起山地对流型地热田主要分布于大兴安岭西南边缘以及阴山东段、大兴安岭山地西部；该类型地热资源异常显示主要分布于阿尔山、宁城县热水镇、克什克腾旗热水塘、敖汉旗热水塘及凉城县中水塘等五处，其分布严格受地质构造，特别是巨型扭动构造体系控制，地热田规模较小，地热资源埋藏浅，资源量较小，总体研究程度较高，热储量 4.10×10^{14} kJ，可开采流体量 22.7×10^{5} m^3/a，可开采热量 4.60×10^{11} kJ/a，适合温泉疗养。沉积盆地型地热田主要分布于由呼包平原、临河盆地、鄂尔多斯盆地、乌海盆地组成的环鄂尔多斯盆地群，盆地规模大，热储层分布稳定，是自治区地热资源富集区，其规模均为中等至特大型地热田。其中呼包平原、临河盆地热储分布面积 2.5 万 km^2，热储量 6.58×10^{17} kJ，可开采量 1.65×10^{17} kJ，流体可采量 627 亿 m^3，流体可采热量 1.16×10^{16} kJ，是我国少有的特大型地热田。西辽河盆地、海拉尔盆地群、二连盆地群及银—额盆地均由一系列小的盆地构成，地热储层受盆地构造严格控制，稳定性较差，所形成的地热田规模相对较小。

干热岩

自治区埋藏 3000m 以下，温度大于 150℃的干热岩（高温岩体）勘查开发工作尚未开展，资源状况不清。石油勘探成果显示，苏尼特右旗赛汉地区、阿巴嘎地区、阿尔山地区、宁城地区存在干热岩异常区，总计面积 70.18km^2。其中，苏尼特右旗赛汉地区 890m 时孔底温度可达 67℃，大大高出了内蒙古自治区平均每百米 2.5℃的地温梯度，与青海共和盆地地热梯度相当，干热岩地热异常区需进一步勘查验证。

7.2 发展现状

目前，内蒙古自治区把供暖/制冷作为地热资源的主要利用方式，此外，还包括康养、洗浴、度假旅游等类型。从地热资源流体盈余量及热能盈余量角度分析，内蒙古自治区以阿尔山为代表的构造型地热田主要用于旅游与医疗用水，现开采量已达到允许开采量，开采基本达到平衡，已无进一步开采潜力。而以河套盆地为代表的沉积盆地型地热田还未充分开发利用，其潜力较大。

地热供暖进展

内蒙古自治区城市地热资源勘查与示范工程又取得重大突破——"通辽科左中旗保康镇地区水热型地热开发利用与保护示范研究"项目居民供暖试运行取得成功。经过 4 个月的连续作业，完成了地热井施工和回灌试验研究，完成了供暖站房和管网建设，建成了地热动态监测系统和展示系统，于2022年10月21日正式启动供暖，截至11月16日，经过27天的试运行，供暖效果良好。试运行供暖面积为40221.78m²，总供暖热负荷设计为2032.44kW，二次网供水温度37～41℃、回水温度35.5～37℃，住户室内温度23～27℃，供暖效果良好。对比燃煤锅炉供暖系统，节约运行费用65%，经济效益显著。

本次示范工程试运行取得成功，标志着自治区首次成功建立了水热型地热资源开发利用示范工程，填补了地热尾水回灌试验研究的空白，为水热型地热资源梯级开发利用设计和施工提供了第一手实验数据，对推进全区地热资源勘查开发利用具有重要的现实意义。本次示范工程中首次采用了网络动态监测系统，可以第一时间获取水动力场、温度场及设备运行情况动态监测数据，将为科学评价地热资源开发利用对地质环境的影响提供有力的技术和数据支撑。本次试运行，不仅验证了通辽地区地热地质条件优越，而且表明该地区具备"只取热，不取水"的最佳开发利用模式条件，将为自治区推动地热资源梯级高效利用、推进清洁能源开发利用、进一步优化调整能源供应结构和实现"碳达峰碳中和"战略目标发挥重要的引领和示范作用。

地热资源勘探进展

内蒙古自治区以大型沉积盆地为勘查重点，开展重点地段水热型地热资源勘查，推进地热资源调查评价与勘查工程，进行了沉积盆地型地热田成因、形成机理和资源富集规律研究，推动以呼包鄂城市群为主要服务方向的沉积盆地地热能开发利用。勘查工程采用施工探采结合井形式，服务于新型城镇化建设、新农村建设、旅游开发，促进地热地质勘查成果的转化利用。

内蒙古第八地质矿产勘查开发有限责任公司在杭锦旗锡尼镇境内，成功勘探一眼优质地热井。该地热井完井深度2000.63m，主要热储层为侏罗系、三叠系砂岩层，井口出水温度54.5℃，出水量大于2000m³/d。本井的成功勘探，证明了鄂尔多斯地区2000m深度内具有良好地热地质条件。同时，该井也是目前鄂尔多斯盆地北部已有地热井中效果最好的。

内蒙古地调院承担的土默特左旗塔布赛地热资源勘查及示范专题HLDR05地热井通过野外验收，获优秀级。该井井深2551.98m，取水段累计热储层厚度316.1m，自流量达6312.48m³/d，井口出水温度75℃。地热水矿化度7.22g/L，氟含量1.34mg/L，达到医疗价值浓度，偏硅酸含量为56.36mg/L，达到理疗热矿水价值浓度和命名矿水浓度。该项目首次在呼包平原发现大厚度粗碎屑砂岩热储层，取得重大突破，为呼包平原进一步寻找高产量、高产能地热资源提供了科学依据。

内蒙古地矿集团所属地勘八公司承担的内蒙古额济纳旗达来呼布地区地热资源预可行性勘查（地热井施工）项目顺利通过自治区地勘基金管理中心专家组野外验收。该地热井日出水量2585m³，出水温度40.1℃，达到并超过了预期目标。本次地热井通过水质化验分析得出，氟、溴、锶等3项浓度均超过命名矿水浓度标准近2倍，且该井地热矿水无不良气味，无涩感，具有极高的温泉理疗价值，为优质理疗热矿水。该地热井的成功实施，为评价额济纳旗地热资源潜力提供了科学依据和数据支撑，对促进当地旅游业发展和新能源开发利用、提升城市品位具有十分重要的现实意义。

7.3 前期管理

内蒙古自治区地热资源丰富，分布广泛。内蒙古自治区地热能开发利用研究的总体目标是：总结"十三五"期间内蒙古自治区地热能产业发展情况，对地热资源进一步评估，对地热供暖开展技术经济评价，研究提出"十四五"期间内蒙古自治区地热能发展的目标、提出重点开发地区和重大项目布局，以及保障措施建议等，为能源主管部门决策、制定颁布地热能"十四五"发展规划提供参考。

结合 2030 年前碳达峰、2060 年前碳中和的能源大背景，自治区地热产业处于大有可为的战略机遇期。深入开展地热能开发利用研究工作，将有利于加强全区地热资源勘查，开发利用的宏观调控，提高地热资源勘查、开发利用的管理水平，为依法审批、监督和管理地热资源提供科学依据，全面实现自治区地热能的可持续合理开发利用。同时，地热能开发利用研究也是加强大气污染环境治理，优化能源消费结构，加快化石能源替代进程，促进自治区生态文明、经济社会健康可持续发展的重要手段，具有重要的指导和现实意义。

7.4 发展特点

地热能开发利用处于市场起步阶段

2022 年，内蒙古自治区地热能开发利用初见成效。但与全国其他省份相比，开发利用规模偏小，年均增速较低，全区地热能开发利用仍处于市场起步阶段。

地热能开发"深浅并举"，多元化利用

目前，内蒙古自治区在地热资源利用方面，呈现"深浅并举"态势，且形成多元化利用的发展布局。浅层地热供暖（制冷）呼和浩特市等部分地区初具规模。中深层隆起山地型地热资源已得到充分开发利用；在呼和浩特市、杭锦旗、土默特左旗、科左中旗、额济纳旗等地重点地热项目开发建设的基础上，中深层沉积盆地型地热开发利用率亟待提高。

7.5 发展趋势

浅层地热资源潜力巨大，开发前景广阔

内蒙古自治区 12 个盟（市）公署（人民政府）所在地城镇规划区浅层地热能开发利用适宜和较适宜区总面积 2160.78km^2，占城镇规划区总面积的 57%，容量 10.99×10^{14}kJ/℃，折合 9782.29 万 tce，冬季可供暖面积 21.34 亿 m^2，夏季可制冷面积 35.07 亿 m^2。其中呼和浩特市、包头市和巴彦淖尔市临河区 3 个主要城区浅层地热能容量 7.16×10^{14}kJ/℃，折合 8546.69 万 tce，冬季可供暖总面积 14.67 亿 m^2，夏季可制冷总面积 23.61 亿 m^2。浅层地热资源潜力巨大，开发前景广阔。

中深层地热能多领域应用趋势明显

因地制宜，充分发挥资源优势，科学推进中深层地热能在供暖、康养、旅游、种植养殖方面的开发利用，推广梯级利用和地热回灌技术，提高资源综合利用率。

根据资源禀赋，制定合理的开发强度指标，按照"以灌定采、采灌均衡、水热均衡"的原则，根据地热形成机理、地热资源品位和资源量、地下水生态环境条件，实施总量控制，分区分类管理，以集中与分散相结合的方式推进中深层地热能供暖。在经济较发达、环境约束不断加强的呼包鄂地区，将中深层水热型地热供暖纳入城镇基础设施建设，因地制宜，科学开发，绿色发展，打造呼包鄂城市群地热能集聚发展格局。其他地区根据资源条件特色发展，充分发挥隆起山地型地热资源供暖及旅游价值。

在产业类型上，从地热供暖向地热发电探索；从单纯的民用供暖向工业、农业领域拓展，如工业领域的烘干、预加热，农业领域的种植和养殖等。在技术上，地热资源的勘探技术、钻完井技术、换热技术、发电技术、梯级利用技术等全流程、全过程都取得了进步。目前，我国的地热勘探开发利用技术紧跟世界潮流，部分技术引领世界。

7.6 发展建议

做好地热能开发利用规划及相关衔接

要根据水资源保护要求、地热资源禀赋、清洁能源需求和生态环境保护要求，确定本地区地热

能开发利用目标、布局和实施方案。把国土空间规划作为开发利用空间布局依据，依法开展环评和水资源论证工作，落实生态环境分区管控要求，并与城市市政等基础设施规划、矿产资源规划、生态环境保护、地下水利用与保护规划等相关专项规划做好衔接。自然资源主管部门根据矿产资源规划总体部署，以地热田为单元，编制本地区地热资源勘查开发规划。

加强地热资源勘查

组织开展重点区地热资源的勘查与评价，查明水热型地热资源的分布、热储特征、资源量等；开展重点区浅层地温能勘查评价，针对水源（地下水、污水）热泵及地埋管地源热泵分别开展适应性分区评价；并对地热资源开采技术经济条件作出评价。将勘探评价数据统一纳入数据管理平台，公开发布地热资源分布及开发利用分区图，为合理高效开发利用提供科学依据，使市场主体按图索骥，瞄准开发区域，精准开发、高效开发。

加强政府统筹协调

加强政府对地热供暖系统及配套产业建设的总体指导和统筹协调，统一思想认识，形成联动机制，按照"责任共担、信息共享、联动监管"原则，建立地热能开发利用项目的管理和协调工作机制，制定地热能产业发展规划，依照定价权限、规则等规定，制定集中供热价格。

完善地热产业过程管理

合理确定项目开发建设时序，有效衔接地热开发、输送、利用各环节。采取"政府推动、部门协同、企业为主"的模式，健全协同机制，理顺地热能供热规划建设和管理中面临的问题并及时解决，确保项目建设一批、核准一批、前期准备一批。强化项目管理，不断完善工作机制和评价考核体系，着力提高项目质量和成效，重视生态环境保护，促进地热能源开发利用的高质量发展。规范地热能开发利用项目备案或登记管理，简化地热能开发利用项目前期手续，加强对地热能开发利用项目的监督检查，加强对地热能开发利用项目的信息化管理。

全面落实地热项目信息系统管理

将地热项目信息纳入统一的管理平台，对项目开展监测及预警，供暖期内，按月更新。地热能信息系统的建设能起到地热能项目管理的"统一（统一归口和统一责权）、实时（实时更新和实时分析）、合理（合理开发和科学规划）"作用，为充分掌握省内地热能开发真实现状，为地热能行业管理方法、准确的发展方向、合理的规划目标提供更充分的数据支撑。组织做好地热能信息化管理工作，为地热能行业规模化、可持续发展奠定基础。

加快推动产业创新

积极探索地热能开采及供暖技术创新。深入研究"十四五"及中长期地热供暖及技术发展趋势，快速提升地源热泵的技术水平，着力提升能源装备制造能力，降低地热取暖设备、建设和运行成本。依托有实力的科研院所、大型国企建立地热开发利用研发中心，加强地热能利用关键技术研发。

营造有利于地热能开发利用的政策环境

鼓励各级政府和发展改革、财政、自然资源、水行政、住房和城乡建设、生态环境、能源主管部门等出台有利于地热能开发利用的财政、金融政策等。研究利用现有渠道对地热能供暖项目给予财政支持；鼓励和支持企业加强技术创新，共同营造有利于地热能开发利用的政策环境。

8 新型储能

8 新型储能

8.1 发展现状

我国新型储能发展概况

2022 年，中国储能产业继续保持高速发展态势。我国新型储能新增并网规模在 2021 年首次突破百万千瓦大关的基础上进一步提速，新增并网装机规模达到 297 万 kW。截至 2022 年底，我国新型储能累计装机规模约 870 万 kW，平均储能时长约 2.1h，比 2021 年底增长 110% 以上。储能技术百花齐放，呈现了储能产业独有的特色与风景，从 2022 年新增装机技术占比来看，锂离子电池储能技术占比达 94.2%，仍处于绝对主导地位，锂电新增投运装机规模首次突破 700 万 kW，开发了 300Ah 以上专用大容量电芯，个别新品电芯单体容量已达到 560Ah。压缩空气储能技术占比达 3.4%，首个 100MW 先进压缩空气储能电站并网发电，单机规模正向 300MW 功率等级方向加速发展，二氧化碳储能验证项目投运。液流电池储能技术占比 2.3%，首个 100MW 全钒液流电池并网发电，首个吉瓦时级全钒液流电池项目正式开工，锌基液流、铁基液流技术逐渐走出实验室，社会关注度越来越高。此外，飞轮、重力、钠离子等多种储能技术也已进入工程化示范阶段。

近一年多来，国家能源局通过出台《关于加快推动新型储能发展的指导意见》《新型储能项目管理规范（暂行）》《"十四五"新型储能发展实施方案》《关于进一步推动新型储能参与电力市场和调度运用的通知》等一系列政策，开发建设全国新型储能大数据平台，初步建立了全国新型储能行业管理体系，统筹推动全国新型储能试点示范，为新型储能技术创新应用和产业高质量发展奠定了基础。目前，全国所有省份及新疆生产建设兵团均已不同程度开展新型储能发展政策研究。

内蒙古自治区发展概况

目前，内蒙古新型储能尚处于起步阶段，截至 2022 年底新型储能发展总规模 58 万 kW，绝大部分为新能源项目配建磷酸铁锂电池储能，储能产业投资总额为 79 亿元，产业布局在呼和浩特市、鄂尔多斯市、乌海市。

《内蒙古自治区能源局关于印发内蒙古自治区"十四五"能源规划工作方案的通知》指出，推广"新能源＋储能"建设模式，新建新能源电站按照不低于装机容量的15%（2h）配置储能，在电网末端、工业园区、供电中枢、能源基地等推进储能规模化应用，提升系统运行灵活性。扶持培育储能产业集群，形成技术先进、竞争力强、规模体量大的储能装备制造产业集群。围绕正负极材料、电解液、电芯制造、电源集成等储能关键材料和零部件制造，引进掌握核心技术的企业，发展电化学储能、压缩空气储能、飞轮储能、电磁储能、电动汽车动力电池等先进装备制造，打造储能制造全产业链，形成以乌兰察布市、鄂尔多斯市为龙头的储能装备制造与技术研发服务产业。预计到2025年，储能装备生产规模达到1000万kW·h，储能核心部件完全实现就地生产，形成1000亿元产值的储能制造产业集群。

2022年12月，《内蒙古自治区人民政府办公厅关于印发自治区支持新型储能发展的若干政策（2022—2025年）的通知》指出，支持锂电池、液流电池、压缩空气、飞轮等新型储能规模化发展布局，对其他形式储能开展试点示范工作。自治区开展独立新型储能电站示范项目建设，通过竞争性招标方式确定示范项目，原则上单个储能电站规模不小于10万kW、时长不低于2h；加大分时电价实施力度，适时调整峰谷电价价差至3∶1以上，为新型储能发展创造盈利空间。

8.2 重点项目

2022年内蒙古自治区能源局提出新型储能推广应用行动，在此基础上开展了一系列"新能源＋储能"模式的项目建设，其中全球最大"源网荷储"一体化项目——乌兰察布源网荷储一体化项目新一代电网友好绿色电站示范项目一期50万kW储能已于2021年底建成并网。此外，已批复电化学储能配置规模为1048万kW，在建和待建储能配置规模为491kW，其中2022年批复的市场化项目的配套储能已批复储能配置规模580万kW，目前在建储能装机规模2723万kW，第一批大基地已批复项目的储能配置规模160万kW，在建的储能规模67万kW，目前无已投运储能。第二批大基地已批复项目储能配置规模48万kW，暂无在建和已投运储能。沙漠、戈壁、荒漠大基地暂无储能配置情况。除了以上电化学储能，目前已批复其他类型储能规模68万kW，包括熔岩储能、液压气动复合、飞轮储能等，在建储能规模6万kW，主要为液压气动复合。

8.3 产业布局

2016—2022年内蒙古自治区产业主要布局于呼和浩特市、鄂尔多斯市、乌海市、乌拉特中旗和乌兰察布市等地，产品主要有负极材料、隔膜、导电剂、电芯、PACK、储能系统。截至 2022 年底，有 7 家企业参与推进相关产品的研发工作，分别是远景动力技术（鄂尔多斯市）有限公司、内蒙古骏成新能源科技有限公司、锂佳能源有限公司、乌海海易通银隆新能源汽车有限公司、内蒙古中锂新材料有限公司、保力新（内蒙古）电池有限公司、林源控股集团有限公司。

9 氢能

9 氢能

9.1 发展现状

内蒙古自治区作为国家重要的能源和战略资源基地，地域广阔，发展氢能产业的基础条件得天独厚，不仅煤制氢、化工副产氢等制氢资源丰富，风光等可再生能源发电量及新能源装机量也均居全国前列，无论是化石能源制氢、工业副产氢还是可再生能源制氢，生产供应的资源、区位优势突出。2022年7月内蒙古发布风光制氢实施细则，2022年内蒙古自治区共批复9个风光制氢一体化项目，建设新能源462.1万kW，其中风电338.2万kW、光伏123.9万kW，电解水制氢17.3万t/a。

传统行业制氢具备规模

截至2022年底，内蒙古自治区现有提纯利用工业副产氢年产能5万t（其中，液氢3万t、气态氢2万t）。自治区氯碱、焦化等工业副产氢资源丰富，全自治区工业副产氢超过130万t，具备大规模利用的成本优势。此外，一批煤化工龙头企业均已建成一定规模的化石原料制氢项目，全区化石原料制氢潜在产能超90万t。

氢能产业链稳步健全

依托自身雄厚的工业基础和资源优势，内蒙古自治区集聚了一批资金雄厚、实力强劲的技术装备企业。目前全区开展氢能前瞻技术研发的企业超过70家。一是已积极开展高压车载储氢瓶的研发制造工作；二是计划建设年产1万组钛酸锂/磷酸铁锂电池组装线及年产2000台氢燃料电池发动机组装线；三是建成投产年产30万t氢基熔融还原高纯生铁生产线。

内蒙古自治区氢能下游产业链逐步完备。区内氢能主要用于氢燃料电池汽车，在运车辆53辆。截至2022年底，已建成加氢站10座，其中固定式加氢站4座、撬装加氢站6座。

可再生能源制氢潜力较大

"十四五"时期末，内蒙古自治区新能源发电规划装机规模将超过1亿kW，新能源装机规模全国第一，具备发展新能源大规模制氢的良好条件，潜在新能源制氢产能超过 330 万 t。风光制取可再生氢年产能可达到 400 万 Nm^3（356t）。

9.2 技术水平

在制氢技术方面，内蒙古自治区已拥有大规模煤制氢、电解水制氢、工业副产品制氢的工程技术集成能力，掌握了氢气液化关键技术，具备碱性电解水设备制造、工艺集成能力；在储氢加氢方面，正在开展耐高压、耐氢脆、响应速度快和密封效果好等储氢技术研究，重点突破 50MPa 及以上公路运输用长管储氢瓶；已开始与国内知名高校合作研发 70MPa 加氢站用加压加注关键设备；燃料电池技术处于应用示范阶段；氢能安全技术具备一定技术基础。

可再生能源制氢技术不断创新

随着制氢度电成本的逐步下降，内蒙古自治区将有效推进电解水制氢技术的规模化应用。其中，碱液电解槽制氢技术成熟度、商业化程度优于其他电解制氢技术；与碱液电解槽制氢技术相比，质子交换膜电解水制氢技术暂不具备成本优势，但更适应可再生能源的波动性，技术含量较高，可为未来规模化绿色制氢提供技术支撑。

氢能储运技术取得突破

内蒙古自治区目前已在储氢方面拥有气态、液态、固态储氢多种技术储备。液态氢储运降低成本技术研发正在有序推进，自治区部分高校和科研机构也在开展有机液体运氢的研究，以期实现技术上的突破；固态储氢方式是最具发展潜力的一种储氢方式，能有效克服高压气态和低温液态储氢方式的不足，大幅度提高储氢技术安全性。自治区相关科研机构目前在新型固态储氢材料等领域取得一定突破，将对氢能固态储运发展提供有力支撑。

燃料电池关键技术自主化进程加速

内蒙古自治区的燃料电池核心材料和关键部件自主化技术快速进步。其中，在燃料电池膜电极、催化剂、质子交换膜、气体扩散层等核心材料自主化方面已取得进展，在金属板电堆关键部件、大功率和批量生产工艺等方面取得明显成效，有力助推了产业发展。未来重点针对双极板、空压机、氢气循环泵等关键组件进行技术突破。

9.3 发展趋势与特点

战略规划引领产业健康发展

为加快推动内蒙古自治区氢能产业高质量发展，加快适应氢能产业技术创新不断迭代升级的发展大势，内蒙古自治区已印发《内蒙古自治区"十四五"氢能发展规划》《内蒙古自治区人民政府办公厅关于促进氢能产业高质量发展的意见》等氢能产业发展的指导性文件。同时加紧研究制定氢能产业在各个领域的相关支持政策，保障规划顺利实施。

绿电制氢助推产业低碳发展

立足内蒙古自治区产业资源特点，依托氢能产业发展已有基础，重点打造"一区、六基地、一走廊"的氢能产业布局，确保氢能产业可持续发展，打造全国绿氢生产基地。集中全区优势资源，重点以风光制氢、交通运输、化工、冶金领域为突破口，以关键核心技术自主可控为目标，促进氢能产业发展。优先在基础较好的呼包鄂乌地区稳妥开展绿氢制甲醇、绿氢合成氨、氢燃料电池重卡替代等应用示范。推动氢能与电力、燃气耦合互补，支持工业副产氢提纯利用，探索谷电制氢，统筹各类能源协调发展。

应用场景丰富多元

内蒙古自治区各类采运矿车、物流车辆接近 50 万辆，均可考虑用氢燃料电池车替代。鄂尔多斯市、包头市分别列入国家燃料电池汽车示范应用上海、广东城市群名录，乌海市已加入河北省燃料电池汽车示范城市群名录，主要实现燃料电池整车的商业化运营，重点构建"中长途 + 中重载"的应用场景，开展高寒地区的燃料电池汽车示范应用的任务。

内蒙古自治区黑色冶炼行业规模较大，铁合金产量全国第一，采用氢能替代煤炭作为还原剂，可实现冶金行业的"低碳"甚至"零碳"。此外，氢能还可应用在建筑领域、农牧边区采暖、供电等方面。

9.4 发展建议

加快氢能综合应用示范的推进步伐

依托内蒙古得天独厚的资源禀赋，综合应用能源互联网技术构建以可再生能源为主体的增量配电网，开展大规模电解水制绿氢，并在全国率先把绿氢作为主要工业原料，应用领先的氢气直接还原铁、氢合成化工技术，推进冶金化工产业氢能化进程。同时，在氢燃料电池重型卡车、园区热电联供等应用领域，开展氢能的规模化应用示范，构建独具特色的氢能综合应用示范区。

鼓励风光氢产一体化的开发模式

"十四五"期间，内蒙古自治区把握节能增效和绿色发展带来的历史性发展新机遇，在可再生能源条件好、矿产资源丰富、工业基础完备的地区，充分发挥氢作为能源载体和工业原料的双重特性，构建风光氢产一体化的可再生能源的本地消纳体系。一体化开发模式不仅可以实现可再生能源全部本地消纳，同时也能助推冶金、化工、交通、建筑供暖等传统高耗能产业实现全面碳中和，将资源禀赋充分转化为地方产业优势和经济发展优势。

打造成果转化与产业发展的协同高地

氢能作为全球为数不多的极具发展潜力的战略性产业，亟须高科技为产业发展提供持续动力。内蒙古自治区应充分发挥企业的主体意识，以产业前沿技术发展为导向，促进技术成果转化，畅通成果转化渠道，高效地把区内基础研究成果转化为实用产品并推广应用，组织实施一批先进技术引领的应用示范项目。内蒙古自治区应加强产业信息共享，推进上下游联动，共同构建起全区氢能供需匹配、技术互相支撑、产品种类齐全的全产业链协作体系。

构建资源配置和财政扶持的政策体系

内蒙古自治区氢能产业尚处于发展初期，特别是产业创新能力不强、技术装备水平不高，需要通过顶层设计政策倾斜予以扶持。按照"非禁即入，简化审批"的原则，自治区应对氢能产业链相关企业在项目审批、税费减免、土地供给、示范运营补贴等方面提供便利化条件和全过程服务。自治区应研究出台有利于推动氢能技术创新和项目孵化的金融政策，充分发挥中央及地方专项帮扶资金的撬动作用，引导社会资本共同参与氢能产业发展，营造良好的政策环境。

10 市场化并网消纳新能源项目

2022年3月4日，内蒙古自治区人民政府办公厅印发了《关于推动全区风电光伏新能源产业高质量发展的意见》（内政办发〔2022〕19号），提出要加快优化调整能源结构，提升可再生能源开发水平和利用效率，广泛拓展新能源应用场景，优先支持全额自发自用和不占用电网调峰空间的市场化并网消纳项目。为多维度推进区内新能源开发建设，拓展新能源消纳空间，内蒙古自治区能源局印发了工业园区绿色供电项目、全额自发自用新能源项目、火电灵活性改造消纳新能源项目、源网荷储一体化项目、燃煤自备电厂可再生能源替代工程和风光制氢一体化示范项目六类市场化并网消纳新能源项目实施细则，并组织了项目申报工作，2022年共批复各类项目107个、总规模2178万kW。

工业园区绿色供电项目

工业园区绿色供电项目是基于园区新增负荷用能水平和负荷特性配置一定规模的市场化新能源项目，坚持自我消纳、自主调峰的原则，以提高终端用能的新能源电力比重，具体包括园区新增负荷绿色供电项目和增量配电网绿色供电项目两类。园区新增负荷绿色供电项目，其新能源装机规模要与园区新增负荷规模相匹配，新能源发电量由新增负荷全额消纳，不得向公网反送电。增量配电网绿色供电项目，针对列入国家或内蒙古自治区改革试点的增量配电网区域，根据新增负荷需求建设新能源，提升增量配电网可再生能源电量比重。2022年，内蒙古自治区共批复21个工业园区绿色供电项目，配建新能源规模708.6万kW，其中风电444.1万kW、光伏264.5万kW。

全额自发自用新能源项目

全额自发自用新能源项目，基于新增负荷，通过扩展利用自有用地建设自发自用新能源应用场景，新能源所发电量应由新增负荷全额消纳，不得向公共电网反送电，用电不足部分由电网保障供电。适用于五类场景：一是在自有建设用地，建设全额自发自用分散式风电项目，容量不超过5万kW；二是在自有建设用地（含建筑屋顶、墙体），建设全额自发自用分布式光伏项目，容量不超过0.6万kW；三是利用高速公路两侧边坡，建设全额自发自用光伏项目，用于服务区充电基础设施等新增负荷；四是利用露天排土场等生态治理区域，用于矿用重卡等新增矿区用电（矿区开采剩余年限不少于10年）的全额自发自用光伏项目；五是利用燃煤电厂自有建设用地，用于厂用电负荷建设新能源项目，不超过机组容量8%。2022年，内蒙古自治区共批复39个全额自发自用新能源项目，配建新能源49.6万kW，其中风电5.3万kW、光伏44.3万kW。

火电灵活性改造消纳新能源项目

火电灵活性改造消纳新能源项目，适用于内蒙古自治区内自用燃煤电厂（不含自备电厂）火电灵活性制造改造，根据燃煤电厂新增调节能力，按照多能互补、不增加系统调峰压力的原则，在确保电力系统安全稳定运行的前提下，煤电与新能源实质性联营，规模化、集约化开发建设新能源。由自治区内发电集团统筹本区域内火电灵活性制造改造，整合新增调节空间，按照新增调节空间 1∶1 确定新能源规模。配建的新能源要与相应的灵活性制造改造的燃煤电厂实现实质性联营，新能源具体运行模式由发电企业与电网企业协商确定。2022 年，纳入内蒙古自治区火电灵活性改造消纳新能源电厂 29 家，涉及机组 63 台、装机容量 2329.5 万 kW，改造后新增调节能力 514.1 万 kW，配建新能源 514.1 万 kW。

源网荷储一体化项目

源网荷储一体化项目需按照自我消纳、自主调峰的原则，不向公用电网反送电，不增加系统调峰压力。电源、电网、负荷、储能由一个投资主体建设，作为一个市场主体运营。配套的新增负荷需符合国家和内蒙古自治区产业政策，取得相关主管部门的核准（备案）文件，优先支持内蒙古自治区战略性新兴产业。新能源规模原则上应根据新增负荷规模、用电特性、储能容量等因素确定，新能源综合利用率不低于 90%。一体化项目作为一个整体接入公用电网，与公用电网形成清晰的物理分界面，新能源直接接入用户变电站。项目需同步建设调控平台，作为整体接受公用电网统一调度。2022 年，内蒙古自治区共批复 4 个源网荷储一体化项目，配建新能源 270.5 万 kW，其中风电 189.5 万 kW、光伏 81 万 kW。

燃煤自备电厂可再生能源替代工程

燃煤自备电厂可再生能源替代工程，是基于自备电厂的调峰空间，配置相匹配的新能源规模，新能源所发电量替代自备电厂原有供电量。新能源与其自备电厂均不得向其他企业供电，不得向公网反送电，不占用公网调峰资源及消纳空间。鼓励燃煤自备电厂实施深度灵活性改造以拓展电厂调峰空间。配置新能源规模不高于自备电厂调峰能力，与自备电厂的最大总出力不变，不得占用公网调峰资源。2022 年，内蒙古自治区共批复 5 个燃煤自备电厂可再生能源替代工程，配建新能源 180.5 万 kW，其中风电 69.5 万 kW、光伏 111 万 kW。

风光制氢一体化示范项目

示范项目由同一投资主体建设，申报时需落实氢气应用场景，提供氢气消纳协议。鼓励氢能与交通、化工、冶金等行业耦合发展，鼓励自身具备用氢场景的企业开展风光制氢一体化示范项目。

鼓励利用非常规水源制氢，禁止采用地下水制氢。示范项目分为并网型和离网型，并网型示范项目，按照不超过制氢所需电量的 1.2 倍确定新能源规模，新能源规模原则上不超过投产当年所在盟（市）消纳能力。离网型示范项目，按照制氢所需电量确定新能源规模，新能源综合利用率不低于 90%。2022 年，内蒙古自治区共批复 9 个风光制氢一体化示范项目，配建新能源 462.1 万 kW，其中风电 338.2 万 kW、光伏 123.9 万 kW。

11 新能源开发布局与有序利用规划方案

11 新能源开发布局与有序利用规划方案

为加快构建清洁低碳、安全高效的能源体系，更好发挥新能源在能源保供增供方面的作用，努力实现内蒙古自治区第十一次党代会提出的"两个率先""两个超过"发展目标，自治区开展了《内蒙古自治区新能源开发布局与有序利用规划方案》研究，对自治区风光资源潜力、布局和有序利用进行系统性摸底和规划，并下发至各盟（市）指导当地新能源有序有效开发建设，推动全区风光新能源产业高质量发展。

11.1 发展基础和形势

近年来，内蒙古自治区大力发展风光等新能源产业，新能源开发利用取得显著成效。从并网规模看，发电装机实现了快速增长。截至 2022 年 12 月，全区新能源装机达 6182 万 kW，居全国第三位（风电 4568 万 kW，居全国第一位；太阳能发电 1568 万 kW，居全国第十二位），占全区电源总装机（16915 万 kW）的比重达 36.5%，逐步实现了能源结构的重大转折。

目前，内蒙古自治区新能源项目开发呈现多元化发展，包含风电光伏外送基地、保障性并网、源网荷储、风光制氢、灵活性改造、园区清洁替代等项目类型，具有种类多、数量大、布局散的特点，为更好地支撑自治区新能源新模式发展、产业协同、高水平建设，推动土地集约高效利用，亟须做好新能源发展顶层设计，总体规划、分步实施，对自治区风光资源潜力、布局和有序利用进行系统性摸底和规划，形成资源开发指导性文件，构建完善的新能源高质量发展政策体系。

11.2 总体要求

内蒙古自治区以习近平新时代中国特色社会主义思想为指导，立足新发展阶段，完整、准确、全面贯彻新发展理念，服务和融入新发展格局，坚定不移走以生态优先、绿色发展为导向的高质量发展新路子。全面落实内蒙古自治区第十一次党代会和全区工业经济高质量发展大会精神，大力发展新能源，优化调整能源结构，将自治区的能源资源优势转化为经济产业优势，实现能源清洁低碳转型，促进资源型产业高质量发展，带动地区经济社会全面发展，打造发展现代能源经济的排头兵。

内蒙古自治区坚持系统观念，强化顶层设计，突出规划引领，注重统筹兼顾，以新能源资源布局为牵引，以多场景应用为依托，以全产业链发展为要务，推动全区新能源大规模、高比例、市场化、高质量发展，在全国率先建成以新能源为主体的能源供给体系，率先构建以新能源为主体的新型电力系统。

基本原则：资源规模开发，充分发挥规模化发展优势，坚持集中连片开发，统筹土地利用和风光资源条件，规划百万千瓦级以上的风电光伏场址，集中开发大型风电光伏基地；土地集约利用，系统梳理可用土地属性和分布情况，结合风光项目建设特点，采用新能源先进技术，集约化利用土地，最大化发挥土地资源价值，提升土地增值和综合利用效益；区域协同发展，充分利用东部和中部风资源优越、西部太阳能资源优越的分布特点，按照土地资源条件和分区管控政策，统筹风光布局和区域协同发展，优化各区域内新能源优先发展类型和规模；优先市场化开发，目前自治区电网消纳能力不足，一定程度地制约了新能源产业发展，市场化机制可有效创造新增消纳空间，同时可充分发挥各生产要素的区域集聚效应，所以要坚持市场化就近利用，在负荷和生产集中地区，优先安排市场化消纳项目，实现资源优化配置和高效消纳。

土地利用要求：严格遵守各项新能源土地利用政策，特别是自治区林草局、发展改革委、自然资源厅、工信厅和能源局联合印发的《关于实行征占用草原林地分区用途管控的通知》（以下简称"257号文"）中林草土地利用政策规定，综合评估土地可用资源；充分考虑生态保护红线、自然保护区、国家级公益林、水源地、矿区、基本农田、军事禁区和文物遗址等限制性因素影响，排除相关区域，获得避开限制性因素后的可用土地范围；紧密结合最新国土三调和空间规划成果，在避开限制性因素后的可用土地范围基础上，东部盟（市）（按"257号文"中划分标准）挑选其他草地、其他林地、沙地、盐碱地、裸土地、空闲地等可用土地类型，西部盟（市）挑选草地、林地、沙地、盐碱地、裸土地、空闲地等土地类型，综合确定各地可用土地区域；高度重视风光资源开发与生态保护间的协同，在筛选出的可用土地范围基础上，注重资源开发与生态保护的协同，综合风光资源分布、林草现状和生态区位等因素，优先开发利用风光资源好、避开重点林草发展保护区域、远离生态安全关键位置的场区；努力做好新能源与其他产业发展的统筹，综合分析可用土地资源、林草生态保护需求、风光资源分布等因素，充分考虑其他产业的发展需求，做好其他产业与新能源产业发展的衔接和配合，合理安排新能源开发布局，努力做好新能源与其他产业发展的统筹。

11.3 风光资源潜力和发展目标

土地资源条件：内蒙古自治区总面积118.3万 km^2，其中生态保护红线、自然保护区、国家公益林、水源地、矿区和基本农田等限制性因素占地约84.5万 km^2，占全区总面积的71.4%。

根据最新国土三调成果，按照国家和内蒙古自治区关于新能源建设土地利用相关规定，结合自治区林草分区管控政策规定，全区新能源开发可利用土地面积约 26.2 万 km^2，占土地总面积的 22.15%。

风能资源条件：内蒙古自治区风能资源极为丰富，全区理论蕴藏量 14.6 亿 kW（离地高度 70m），约占全国的 57%，居全国首位，总体呈现"中部高、东西部略低"的特点。巴彦淖尔山北、包头山北、乌兰察布中北部、锡林郭勒盟大部，以及赤峰市、通辽市、兴安盟、呼伦贝尔市在大兴安岭西北区域风能资源最好，平均风速 7.5m/s 左右。全区理论发电量为 2000~4000h，保障资本金收益率 8% 的最低收益电价为 0.15~0.35 元/（kW·h）。

太阳能资源条件：内蒙古自治区太阳能资源极为丰富，太阳能发电理论蕴藏量 94 亿 kW，约占全国的 21%，平均年辐射总量可达 1000~1850（kW·h）/m^2，日照时数为 2400~3500h，是全国太阳能资源最丰富地区之一，全区太阳能资源分布呈现显著的"西高东低"的特点。西部阿拉善太阳能资源最好，其次为巴彦淖尔市、鄂尔多斯市，东部呼伦贝尔市、兴安盟等地区太阳能资源相对较差。全区理论发电量为 900~1700h，保障资本金收益率 8% 的最低收益电价为 0.25~0.45 元/（kW·h）。

风光资源开发潜力：内蒙古自治区风能太阳能技术经济总可开发量为 11.94 亿 kW，扣除已建、在建、纳规和正在规划的项目后，剩余可新增经济技术开发量约 10 亿 kW，其中风能资源占比 33.3%，太阳能资源占比 66.7%。

消纳利用空间：内蒙古自治区多措并举提升新能源开发利用规模，通过源网荷储、风光氢储、负荷带动、绿电替代等方式，促进新能源就近就网就负荷高效利用，加快推进自治区火电灵活性改造，深度挖掘自治区本地消纳潜力，合理布局保障性、市场化消纳新能源项目，新能源利用率不低于 90%。"十四五"期间自治区全社会用电量按年均增速 6% 进行测算分析，加快推进火电灵活性改造并提升调峰能力后，自治区可新增本地消纳能力 2000 万 kW 以上，"十五五"期间预计可新增本地消纳能力 5000 万 kW 左右。全区消纳空间优先用于支撑市场化消纳项目，剩余空间用于支持生态治理、乡村振兴等保障性消纳项目。

开发利用目标：统筹新能源资源分布、本地消纳空间与电网接入条件等因素，规划自治区"十四五""十五五"保障性消纳风光基地、市场化消纳项目、外送风光基地发展规模。"十四五"期间（2021—2025 年），优先支持市场化新能源消纳项目，根据市场化项目进展和剩余消纳空间情况，有序组织一定规模的保障性并网消纳项目。预计到 2025 年可新增并网 8000 万 kW 以上，全区新能源累计投产规模达到 1.35 亿 kW 以上。"十五五"期间（2026—2030 年），规划新增开发各类型风光新能源规模 1 亿 kW 左右，2030 年累计投产规模将达到 2.5 亿 kW 以上。

11.4 总体开发利用思路

内蒙古自治区应综合考虑资源潜力、土地利用、电网架构、消纳增长、产业布局等基础条件，优化公网消纳、市场化消纳、外送消纳新能源开发布局和建设时序，实现资源有序开发和最优利用，推动新能源产业高质量发展。

资源利用原则：立足本地消纳，优先开发"资源条件好、最低收益电价低"的地区发展本地消纳项目，有利于降低自治区本地用电成本。本地消纳需求大而新能源资源条件支撑较弱的盟（市），考虑与邻近资源开发条件较好的盟（市）进行跨盟（市）互济，以实现区内新能源本地平衡利用。在资源潜力富集、本地消纳不足的地区，优先立足本地资源，兼顾协同邻近省份电网及调峰资源推动新增外送通道建设。充分结合各盟（市）电网网架现状及规划情况，开展本地消纳利用开发时序规划。在以本地消纳为发展重点的负荷中心地区，存在资源条件好但局部网架薄弱的，可开展与本地电网规划的友好互动，促进新能源发展与电网友好衔接，实现新能源有序开发利用。

地区发展思路：统筹新能源与常规电源建设、新能源自用与外送的布局、新能源开发和用电负荷增长、特高压外送通道和自用网架建设、电网支撑能力和调节资源建设，提升能源电力系统的发展质量和效益，形成本地消纳与外送协调发展新格局。东部盟（市）受生态保护和土地使用限制，可开发利用风光资源有限，消纳负荷较低，未来新能源开发以少量自用为主。西部盟（市）风光资源潜力大、品质好，资源富集，但本地网架薄弱、消纳有限，未来新能源重点以外送开发为主，基于沙漠基地推动跨省外送通道建设。此外，鉴于自治区各盟（市）负荷和资源分布的不匹配问题，探索跨盟（市）互济平衡利用方式，构建跨盟（市）新能源两地合作机制，考虑阿拉善通过线路送至鄂尔多斯市、包头市、乌海市等地消纳，巴彦淖尔市柔性直流通道送至包头市、呼和浩特市等地进行消纳。

项目开发思路：外送消纳风光基地项目充分利用现有外送通道（扎鲁特至青州、上海庙至山东、蒙西至天津南、鲁固直流、伊穆直流）、"十四五"规划外送通道（蒙西至京津冀、蒙西至中东部、蒙西至华北、贺兰山至中东部）、"十五五"规划外送通道，优先考虑在沙漠、戈壁、荒漠地区集中布局外送消纳基地项目，实现自治区风光资源的大规模集中高效利用。市场化消纳项目以荷定源、量入为出、总体规划、分期实施，按照就近就荷的原则，根据负荷增长水平优先安排市场化消纳项目。公网消纳风光基地项目根据资源潜力、消纳增长和分布情况，按照规模化开发的思路集中布局百万千瓦级公网消纳风光基地，包括保障性风光基地项目和火电灵活性改造配套项目。统筹电网结构和接入条件，在风光资源潜力大、土地利用条件好的盟（市），集中安排保障性消纳风光基地规模和布局。

11.5 开发布局和有序利用方案

阿拉善盟风能太阳能剩余经济技术可开发量为 6.06 亿 kW，占全区总开发量的 62.07%，其中风电为 9400 万 kW、光伏为 51200 万 kW。主要集中在阿拉善盟北部和东部区域，分布在额济纳旗、阿拉善右旗、阿拉善左旗。结合资源分布及可开发规模，阿拉善盟西部的额济纳旗缺少主网架支撑且无本地消纳空间，远期基于沙漠基地推动巴丹吉林—中东部地区外送通道的建设。在阿拉善右旗的北部风光场区集中的区域，规划在"十五五"期间新增一条直流外送通道。在阿拉善左旗的南部区域，规划"十五五"期间新增两条直流外送通道，在阿拉善左旗的北部区域风光资源较好的区域，考虑通过 500kV 交流线路送至鄂尔多斯、包头等地消纳。阿拉善左旗西北部和阿拉善右旗北部风光资源集中区域，后续考虑建设大型风电光伏基地，通过新建特高压通道实现新能源的集中外送。

巴彦淖尔市风能太阳能剩余经济技术可开发量为 3350 万 kW，占全区总开发量的 3.43%，其中风电为 2150 万 kW、光伏为 1200 万 kW。主要集中在巴彦淖尔东部和中部区域，分布在乌拉特中旗、乌拉特前旗、乌拉特后旗和磴口县。巴彦淖尔市新能源资源可开发条件较好，但由于负荷增长空间较小，本地市场化发展能力相对受限。巴彦淖尔市主网架变电站具备较好的并网条件，在具备并网条件的地块可配置部分保障性并网项目。在巴彦淖尔市中部，资源条件较好但不具备并网条件的地块，可考虑跨盟（市）互济利用或远期外送的开发利用方式，形成巴彦淖尔市"本地自用与外送并重"的开发模式。满足自用的可选择地块建议优先集中在祥泰 500kV 变电站附近，巴中 500kV 变电站附近，其次可考虑在规划新建的乌后 500kV 变电站周边配置新能源可开发资源与地块。梅力更 500kV 变电站 220kV 间隔为巴彦淖尔和包头共用，可考虑在梅力更 500kV 变电站周边配置新能源可开发资源和地块，接入梅力更站后通过 500kV 电网送至包头消纳。

乌海市风能太阳能剩余经济技术可开发量为 900 万 kW，全部为光伏发电，占全区总开发量的 0.9%。主要集中在乌海南部和西部，分布在海南区、乌达区和海勃湾区。乌海新能源开发资源以光伏为主，资源和用地总量有限。乌海南部具有较为丰富的市场化消纳场景，新能源资源开发将以乌海市本地市场化开发利用为主。乌海本地消纳空间较大，风光资源有限，不足部分后续考虑从周边盟（市）进行跨盟（市）互济。本地自用部分结合电网接入条件，优先考虑在乌海 500kV 变电站周边配置新能源可开发资源与地块。

鄂尔多斯市风能太阳能剩余经济技术可开发量为 9750 万 kW，占全区总开发量的 10%，其中风电为 4450 万 kW、光伏为 5300 万 kW。主要集中在鄂尔多斯北部和中部区域，分布在杭锦旗、达拉特旗、准格尔旗、伊金霍洛旗、鄂托克旗和乌审旗。鄂尔多斯市位于蒙西地区，全市新能源和土地资源丰富，全市各旗（区）具有较好的市场化项目应用场景，如园区、源网荷储、风光制氢等优先结合园区布局周边新能源资源和用地，结合电网接纳条件开展部分保障性并网项目自身用电需求较大、调节手段多、市场化发展需求广，鄂尔多斯以本地自用为主，暂不考虑外送开发。已有外送基地项目，鄂尔多斯市目前已列入规划蒙西昭沂直流外送基地（400万kW）、蒙西—天津南特高压通道外送基地（400万kW）、库布其沙漠2条外送通道（库布其—京津冀1200万kW、库布其—中东部地区1200万kW）。本地自用的园区新能源消纳项目，可根据园区变电站中心位置50km半径范围内的新能源可开发资源与地块情况，选择确定开发场址与布局。其他市场化消纳类项目，如工业园区绿色供电项目、全额自发自用新能源项目、燃煤自备电厂可再生能源替代项目、源网荷储一体化项目、风光制氢一体化项目、火电灵活性改造等，按照就近原则合理安排风光新能源场址。本地自用项目可结合电网接入条件，优先考虑在新建乌审500kV变电站、过三梁500kV变电站、耳子壕500kV变电站周边开发新能源资源。

包头市风能太阳能剩余经济技术可开发量为3210万kW，占全区总开发量的3.29%，其中风电为2310万kW、光伏为900万kW。主要集中在包头市北部和中部区域，分布在达尔罕茂明安联合旗和固阳县。包头市可结合电网接纳条件开展部分保障性并网项目，优先可考虑新建包风一500kV变电站、包风二500kV变电站，补强北部地区电网网架，并在周边配置新能源可开发资源与地块，实现山北新能源送至山南地区负荷中心进行消纳。建议尽快推进两座变电站及并网工程的建设。包头市具有用电需求大、负荷集中、资源分布集中等特点，新能源有序利用方案将考虑以本地自用为主，暂不考虑外送开发。

呼和浩特市风能太阳能剩余经济技术可开发量为1250万kW，占全区总开发量的1.28%，其中风电为650万kW、光伏为600万kW。主要集中在呼和浩特市北部和南部区域，分布在武川县、清水河县、和林格尔县。本地自用项目可结合电网接入条件，优先考虑在新建鸿盛500kV变电站周边合理配置新能源可开发资源与地块。建议加快推进鸿盛500kV变电站、金山500kV变电站的建设，进一步加强北部地区主网架结构，实现北部资源的高效开发利用。呼和浩特市具有用电需求大，但新能源资源不足的特点，新能源有序利用方案将考虑以本地自用为主，并考虑乌兰察布市、巴彦淖尔市等资源丰富的盟（市）进行跨盟（市）支援。

乌兰察布市风能太阳能剩余经济技术可开发量为3630万kW，占全区总开发量的3.72%，其中风电为2630万kW、光伏为1000万kW。主要集中在乌兰察布市东部和中部区域，分布在化德县、商都县、察哈尔右翼前旗、察哈尔右翼中旗、四子王旗、卓资县等旗（县）。乌兰察布市具有丰富的市场化项目开发场景，如风光制氢、源网荷储、大数据供电、高载能用电负荷等。新能源资源优先配置本地市场化项目开发，可结合园区、大数据、大用户的布局配置周边新能源可开发资源与地块，可以用电负荷中心位置为起点，分析50km半径范围内的新能源可开发资源与地块情况，进一步选择确定开发场址与布局。本地自用项目可结合电网接入条件，优先考虑在巨宝庄500kV变电站、察右后500kV变电站周边合理配置新能源可开发资源与地块。乌兰察布市用电需求大、新能源资源丰富，新能源有序利用方案将考虑以本地自用为主，暂不考虑外送开发。

锡林郭勒盟风能太阳能剩余经济技术可开发量为5950万kW，占全区总开发量的6.1%，其中风电为4280万kW、光伏为1670万kW。主要集中在锡林郭勒盟西部和南部区域，分布在苏尼特左旗、苏尼特右旗、阿巴嘎旗、正蓝旗等旗（县）。锡林郭勒盟整体资源潜力较为丰富，但用电需求水平较低，导致本地自用新能源规模较小。市场化开发项目可结合资源及用电需求分布情况，开发少量的新能源自用项目。本地自用项目可结合电网接入条件，近期考虑优先开发南部具备接网条件的新能源项目，在白音高勒500kV变电站周边合理配置新能源可开发资源与地块，除自用外，电力可通过地区间网络通道送出。随着"十四五"末锡林郭勒盟主网架第二回通道（察右中—锡西—东苏—塔拉—宝拉格双回通道）的建成，在锡西500kV变电站、东苏500kV变电站周边合理配置新能源可开发资源与地块，进行一定规模的跨盟（市）外送开发。剩余资源可考虑"十五五"或远期通过跨区外送通道送出。锡林郭勒盟具有用电需求小，但新能源资源丰富的特点，随着主网架结构的不断增强，将形成"本地自用与外送并重"的开发模式。

赤峰市风能太阳能剩余经济技术可开发量为4280万kW，占全区总开发量的4.38%，其中风电为3030万kW、光伏为1250万kW。主要集中在赤峰市中部区域，分布在翁牛特旗、敖汉旗、克什克腾旗、林西县、巴林右旗、巴林左旗、阿鲁科尔沁旗。赤峰市本地新能源资源丰富，电网接入条件较好，新能源有序利用方案考虑本地自用与外送并重的开发模式，在变电站周边布局本地自用项目，中北部建设外送基地。满足自用的可选择地块建议优先集中在紫城500kV变电站附近；其次可先后考虑在新建阿旗北500kV变电站、克旗500kV变电站周边配置新能源可开发资源与地块。此外，可结合市场化项目应用场景，如园区绿色供电、风光制氢、源网荷储等，根据园区布局配置周边新能源可开发资源与地块。以园区变电站中心位置为起点，分析50km半径范围内的新能源可开发资源与地块情况，进一步选择确定开发场址与布局。赤峰市、通辽市的可开发资源较为丰富，建议"十五五"或远期在赤峰市中北部地区建设一条外送通道，建设赤通千万千瓦级外送基地。

通辽市风能太阳能剩余经济技术可开发量为2280万kW，占全区总开发量的2.34%，其中风电为1750万kW、光伏为530万kW。主要在通辽市东部、北部区域，分布在扎鲁特旗、科尔沁左翼中旗、科尔沁左翼后旗等。通辽市本地新能源资源丰富，新能源有序利用方案考虑优先本地市场化项目开发，结合低碳园区和本地负荷分布，优先开发周边新能源资源。通辽市本地自用需求较低，受限于本地需求体量及增速，地区新能源资源丰富，满足自用的可选择地块建议优先集中在已有金沙500kV变电站；其次可考虑在新建库伦500kV变电站周边配置新能源可开发资源与地块。此外，可结合市场化项目应用场景，如园区绿色供电、风光制氢、源网荷储等，根据园区布局配置周边新能源可开发资源与地块。以园区变电站中心位置为起点，分析50km半径范围内的新能源可开发资源与地块情况，进一步选择确定开发场址与布局。

兴安盟风能太阳能剩余经济技术可开发量为1190万kW，占全区总开发量的1.22%，其中风电为 830 万 kW、光伏为 360 万 kW。主要集中在兴安盟中、南部区域，分布在科尔沁右翼前旗、突泉县、科尔沁右翼中旗。兴安盟可开发资源较为分散，且用电需求水平较低，以少量自用开发为主，优先考虑在新建平川 500kV 变电站周边配置新能源可开发资源与地块。

呼伦贝尔市风能太阳能剩余经济技术可开发量为 1240 万 kW，占全区总开发量的 1.27%，其中风电为 1000 万 kW、光伏为 240 万 kW。主要集中在呼伦贝尔市东南部区域，分布在阿荣旗、扎兰屯市。呼伦贝尔市新能源资源主要集中在岭东 500kV 变电站附近，按照"近期以少量自用开发为主，远期推动外送开发"的思路进行开发利用。本地开发需求考虑主要集中在岭东变电站周边选择；结合呼伦贝尔市新能源开发资源体量及分布，远期可考虑进行外送开发。

12　政策要点

12 政策要点

12.1 综合类政策

2022年，国家在体制机制完善、提升消纳水平、推动绿色发展、提高服务水平、规范运行管理、完善市场化交易、加强监督管理、加快产业发展、健全标准体系等方面，出台了一系列政策和措施，推进可再生能源行业高质量发展。

（1）2022年1月，国家发展改革委、国家能源局发布了《关于完善能源绿色低碳转型体制机制和政策措施的意见》（发改能源〔2022〕206号），作为能源领域推进碳达峰碳中和工作的综合性政策文件，从完善国家能源战略和规划实施的协同推进机制、完善引导绿色能源消费的制度和政策体系、建立以绿色低碳为导向的能源开发利用新机制等方面提出了多项举措。

（2）2022年3月，为深入贯彻落实党中央、国务院有关决策部署，扎实做好2022年能源工作，持续推动能源高质量发展，国家能源局研究制定了《2022年能源工作指导意见》（国能发规划〔2022〕31号），明确了2022年能源供应、结构转型、质量效率的主要目标，并部署了能源供应保障、绿色低碳转型、供应链弹性和韧性、产业现代化水平、服务水平、治理能力、国际合作等方面的重要工作。

（3）2022年3月，国家发展改革委、国家能源局、工业和信息化部、财政部、生态环境部、住房城乡建设部、交通运输部、农业农村部、国管局、中国民航局等10个部门发布了《关于进一步推进电能替代的指导意见》（发改能源〔2022〕353号），提出进一步拓展电能替代的广度和深度，努力构建政策体系完善、标准体系完备、市场模式成熟、智能化水平高的电能替代发展新格局。

（4）2022年4月，中共中央、国务院发布了《关于加快建设全国统一大市场的意见》，指出建设全国统一大市场是构建新发展格局的基础支撑和内在要求，提出在有效保障能源安全供应的前提下，结合实现碳达峰碳中和目标任务，有序推进全国能源市场建设，健全多层次统一电力市场体系，研究推动适时组建全国电力交易中心。

（5）为全面落实习近平总书记相关重要指示批示精神和党中央、国务院关于能源安全的最新决策部署，以电力可靠性管理工作为基础，立足电力供应保障和优化电力营商环境，为我国电力工业高质量发展提供有力支撑，2022年4月，国家发展改革委颁布《电力可靠性管理办法（暂行）》（国家发展和改革委员会令第50号），提出建立发电、输变电、供电、用户等可靠性全过程管理机制。

（6）2022年7月，《工业和信息化部 国家发展改革委 生态环境部关于印发工业领域碳达峰实施方案的通知》（工信部联节〔2022〕88号）印发，提出"十四五"总体目标：产业结构与用能结构优化取得积极进展，能源资源利用效率大幅提升，建成一批绿色工厂和绿色工业园区，研发、示范、推广一批减排效果显著的低碳零碳负碳技术工艺装备产品，筑牢工业领域碳达峰基础。

（7）2022年8月，工业和信息化部等五部门联合印发《加快电力装备绿色低碳创新发展行动计划》，重点围绕火电装备、水电装备、核电装备、风电装备、太阳能装备、氢能装备、储能装备、输电装备、配电装备、用电装备等电力装备10个领域，提出装备体系绿色升级、电力装备技术创新提升、网络化智能化转型发展、技术基础支撑保障、推广应用模式创新、电力装备对外合作等6项行动计划。

（8）2022年5月，国家能源局综合司发布了《国家能源局2022年深化"放管服"改革优化营商环境重点任务分工方案》的通知，提出简化新能源项目行政审批手续，推进多能互补一体化和综合能源服务发展，推动分布式发电市场化交易，建立健全能源低碳转型的长效机制，探索包容审慎监管新方式。

（9）2022年9月，国家能源局印发《能源碳达峰碳中和标准化提升行动计划》，提出紧密结合能源领域做好碳达峰工作有关实施方案，突出能源绿色低碳转型、新兴技术产业发展、能效提升和产业链碳减排等重点方向，与技术创新和产业发展协同联动，完善有关能源技术标准规范，加大新兴领域标准供给，"十四五"末初步建立起较为完善、可有力支撑和引领能源绿色低碳转型的能源标准体系。

（10）2022年10月，市场监管总局、国家发展改革委、工业和信息化部、自然资源部、生态环境部、住房城乡建设部、交通运输部、中国气象局、国家林草局等九部门联合发布《建立健全碳达峰碳中和标准计量体系实施方案》，提出围绕风电和光伏发电全产业链条，开展关键装备和系统的设计、制造、维护、废弃后回收利用等标准制修订，建立覆盖制储输用等各环节的氢能标准体系，加快完善海洋能、地热能、核能、生物质能、水力发电等标准体系，推进多能互补、综合能源服务等标准的研制。

12.2 可再生能源类政策

2022年，国家和内蒙古自治区出台多项政策和措施推进可再生能源高质量发展，包括推进新型储能发展、促进氢能发展、提升消纳能力、推动产业发展等方面。

（1）2022年1月，国家发展改革委、国家能源局印发《"十四五"新型储能发展实施方案》的通知（发改能源〔2022〕209号），涉及新型储能建设的成本、价格、机制、标准、发展目标等，明确了"十四五"期间的重点任务。

（2）2022年2月，内蒙古自治区人民政府办公厅发布《关于促进氢能产业高质量发展的意见》，要求按照"全面布局、重点突破，试点先行、有序推进，多能互补、统筹发展，规范管理、安全发展"的原则，建设绿氢生产应用基地，打造氢能全产业链，重点任务包括构建产业集群、推进示范应用、推进基础设施建设、推广多领域应用、攻关突破关键技术、提升产业公共服务水平等方面。

（3）2022年3月，内蒙古自治区人民政府印发《关于推动全区风电光伏新能源产业高质量发展的意见》，提出建立多元化并网机制。市场化并网消纳的新能源项目要通过自建、合建共享调峰资源或购买服务等市场化方式落实并网条件，按照负荷需求扩大并网规模；保障性并网规模按照年度最低非水可再生能源电力消纳责任权重确定，重点用于支持自治区经济社会高质量发展的重点工程。

（4）2022年5月，国务院办公厅转发国家发展改革委、国家能源局《关于促进新时代新能源高质量发展实施方案的通知》（国办函〔2022〕39号）发布，提出在创新开发利用模式、构建新型电力系统、深化"放管服"改革、支持引导产业健康发展、保障合理空间需求、充分发挥生态环境保护效益、完善财政金融政策等7个方面完善政策措施，更好发挥新能源在能源保供增供方面的作用。

（5）2022年5月，国家能源局综合司发布《关于加强电化学储能电站安全管理的通知》，要求高度重视电化学储能电站安全管理、加强电化学储能电站规划设计安全管理、做好电化学储能电站设备选型、严格电化学储能电站施工验收、严格电化学储能电站并网验收、加强电化学储能电站运行维护安全管理、提升电化学储能电站应急消防处置能力。

（6）2022年6月，国家发展改革委、国家能源局发布《关于进一步推动新型储能参与电力市场和调度运用的通知》，明确新型储能可作为独立储能参与电力市场，并对其"入市"后的市场、价格和运行等机制作出部署，旨在推动新型储能产业健康发展。

（7）2022年7月，内蒙古自治区能源局发布《内蒙古自治区源网荷储一体化项目实施细则（2022年版）》《内蒙古自治区燃煤自备电厂可再生能源替代工程实施细则（2022年版）》《内蒙古自治区风光制氢一体化示范项目实施细则》，对源网荷储一体化、燃煤自备电厂绿电替代、风光制氢一体化相关项目的申报条件、运营管理、申报审批、组织实施、监督管理等提出了明确要求。

（8）2022年8月，内蒙古自治区能源局发布《内蒙古自治区工业园区绿色供电项目实施细则（2022年版）》《内蒙古自治区关于全额自发自用新能源项目实施细则（2022年版）》《内蒙古自治区火电灵活性改造消纳新能源实施细则（2022年版）》，对园区绿电替代、全额自发自用新能源及火电灵活性改造消纳新能源相关项目的申报条件、运营管理、申报审批、组织实施、监督管理等提出了明确要求。

（9）2022年8月，为优化建立全国光伏大产业大市场，促进光伏产业高质量发展，积极推动建设新能源供给消纳体系，工业和信息化部办公厅、市场监管总局办公厅、国家能源局综合司发布了《关于促进光伏产业链供应链协同发展的通知》（工信厅联电子函〔2022〕205号），要求深化行业管理，引导产业链供应链协同创新。

（10）2022年11月，国家发展改革委办公厅、国家能源局综合司发布《关于2022年可再生能源电力消纳责任权重及有关事项的通知》，明确各省份2022年可再生能源电力消纳责任权重以及2023年可再生能源电力消纳责任权重预期目标。

（11）2022年11月，工业和信息化部办公厅、住房城乡建设部办公厅、交通运输部办公厅、农业农村部办公厅、国家能源局综合司五部门印发《关于开展第三批智能光伏试点示范活动的通知》，支持培育一批智能光伏示范企业以及建设一批智能光伏示范项目。其优先考虑光储融合、交通应用、农业应用、信息技术、产业链提升以及先进技术产品及应用六大方向。

13　热点研究

13 热点研究

加快推进以沙漠、戈壁、荒漠地区为重点的大型风电光伏基地建设

2022 年，国家发展改革委、国家能源局先后批复了内蒙古库布其沙漠鄂尔多斯市中北部新能源基地、鄂尔多斯市南部新能源基地以及阿拉善盟以沙漠、戈壁、荒漠地区为重点的千万千瓦级风电光伏基地建设方案。2023 年，内蒙古自治区将加快推进第一批 2020 万 kW、第二批 1188 万 kW 大型风电光伏基地项目建成并网，推动第三批 1170 万 kW 大型风电光伏基地项目开工建设，下一步将重点围绕生态修复治理、场址优化布局等开展深入研究。

新能源开发合理布局与有序利用

2022 年 9 月，内蒙古自治区能源局印发了《内蒙古自治区新能源开发布局与有序利用规划方案》，对自治区各盟（市）的风光资源潜力、布局和有效利用进行了系统性摸底和规划，以对各盟（市）新能源开发、电网规划和相关产业建设提供指导，推动自治区新能源产业高质量发展。下一步各盟（市）将按照自治区有关要求，将该规划方案与本地区能源发展规划相衔接，编制并细化盟（市）和旗（县）级新能源规划，作为指导当地新能源有序高效开发建设的重要依据。

利用采煤沉陷区发展光伏等新能源

利用采煤沉陷区发展光伏等新能源是协同推进采煤沉陷区综合治理和能源绿色低碳发展的重要举措，国家对此高度重视并在政策、资金等方面给予支持。2022 年，国家发展改革委办公厅和国家能源局综合司印发了《关于进一步推进利用采煤沉陷区发展光伏等新能源有关工作的通知》，要求有关省份发展改革委、能源局指导具备条件的地区积极谋划有关项目，指导有关地方政府、项目单位加强与国家开发银行有关分行协调对接，促进相关项目科学规划建设、加快投产达效、有效发挥作用。内蒙古自治区高度重视，已组织有关盟（市）报送利用采煤沉陷区发展光伏等新能源项目的实施方案。

零碳（低碳）产业园区试点示范研究

工业园区的绿色低碳转型是实现"双碳"目标的重要抓手。零碳（低碳）产业园将新能源技术与先进工业技术相结合，打造超低排放、智慧用能的"样板间"。2022 年 11 月，内蒙古自治区人

民政府印发的《关于推动全区风电光伏新能源产业高质量发展的意见》提到，大力实施可再生能源替代，无燃煤自备电厂但有新增负荷的工业园区可以开展低碳（零碳）用能示范，全额自发自用，不占用公用电网的消纳空间，按需配置新能源装机规模，新增负荷实现全清洁能源供电。目前，自治区已明确6个低碳零碳产业园试点，正在按照《内蒙古自治区关于工业园区可再生能源替代工程实施细则》等文件研究制定配套新能源规划方案。

"水风光一体化"可再生能源综合基地规划研究

国家能源局于2022年初印发《关于开展全国主要流域可再生能源一体化规划研究有关事项的通知》，鼓励各省份开展以水风光为主的可再生能源一体化布局研究。自治区将依托区内水能资源，重点围绕水风光一体化资源配置、一体化规划建设、一体化调度运行、一体化经济性评价、一体化消纳等方面开展特性研究，提出相关流域"水风光一体化"可再生能源综合基地布局，提升可再生能源存储和消纳能力。

多元化并网机制促进新能源消纳研究

开展新能源多元化并网机制研究，重点探索实施工业园区可再生能源替代、源网荷储一体化、风光制氢一体化、火电灵活性改造等示范项目，充分挖掘燃煤电厂灵活性调节能力、新增负荷消纳能力，发挥新能源、负荷、储能协调互济能力，提高清洁能源占比和工业整体能效，促进新能源消纳利用，探索碳达峰碳中和先行示范。

风光制氢一体化示范项目

2022年内蒙古自治区共批复风光制氢一体化示范项目9项，其中并网型8项，离网型1项；位于鄂尔多斯市4项、通辽市2项、包头市1项、锡林郭勒盟1项、乌兰察布市1项；新能源总规模为462.6万kW，其中风电338.2万kW、光伏124.4万kW，总制氢能力为18.3万t/a，上述项目均计划于2023年开工建设。

抽水蓄能应用研究

在构建以新能源为主体的新型电力系统，实现碳达峰碳中和目标的新形势下，积极发展抽水蓄能电站恰逢其时、势在必行。抽水蓄能电站运行灵活，是电力系统主要的调节电源，对保障电网安全稳定运行、促进新能源消纳、构建以新能源为主体的新型电力系统具有重要意义。内蒙古自治区将结合全国抽水蓄能中长期发展规划，推进自治区抽水蓄能电站规划建设。

绿证交易、绿电交易与碳排放权交易市场的衔接推进研究

落实新增可再生能源和原料用能不纳入能源消费总量控制要求，统筹推动绿色电力交易、绿证交易，引导市场化用户通过购买绿证或绿电促进能源"双控"达标。同时推进绿证纳入碳核查体系的顶层设计，明确绿证的碳减排价值，为绿证参与碳市场交易提供指导，实现绿证交易与碳排放权交易的有效衔接。结合国家及各省份碳市场相关行业核算报告技术规范，研究在排放量核算中将绿色电力相关碳排放量予以扣减的可行性。

光伏发电多场景融合发展研究

内蒙古自治区第十一次党代会提出要广泛拓展新能源应用场景，基于太阳能资源分布广泛和应用灵活的特点，在建筑、农业、交通、通信、生态治理等多个领域开展研究，促进光伏发电与不同行业在应用场景上的广泛融合。

光热发电开发模式研究

光热发电存在系统复杂、成本过高的特点，度电成本居高不下。在补贴取消后，独立投资运行难以为继，上下游相关产业链均会受到影响。依据国家及内蒙古自治区政策，结合风电、光伏发电度电成本低的特点，充分发挥光热电站在调节和储存方面的优势，开展风电、光伏与光热发电联合开发模式研究，促进光热发电行业可持续发展。

地热能供暖应用研究

研究浅层地热能在供暖领域的用能替代，由盟（市）中心城市向旗（县）城关镇及重点乡镇普及。在重点城市中心城区，以"集中与分散相结合"的方式，在主要城镇老旧城区改造中，研究中深层地热供暖与城镇基础设施建设、新农村建设融合发展的方式，推进城市新区地热能供暖建设，创新城市用能新模式。

农村能源转型发展助力乡村振兴研究

在具备资源条件的脱贫地区和乡村振兴重点地区，利用农户闲置土地和农房屋顶，进行分布式风电和光伏发电建设，通过"公司+村镇+农户"的模式，使农户获取稳定的租金或电费收益，为村民提供就业岗位，帮助脱贫户增收。研究"光伏+现代农业"建设模式，农业企业、村集体在光伏电站开展板下经济作物规模化种植，提升土地综合利用价值。结合新型城镇化建设、易地搬迁安置区配套基础设施建设、提升完善和郊区亮化等工程，研究"新能源+农村景观"示范方式，推动新能源与公共设施一体化发展。

老旧风电场升级改造研究

风电大机组代替小机组、高效先进机组代替落后机组已经成为全球风电发展趋势之一。运行多年的老旧风电场正面临着质量安全风险加大、设备故障增多、经济效益变差、运维成本增高,以及早期风电场微观选址不尽合理、机组可预测可调度可控制性能偏低和涉网主动支撑性能不强、老旧风电场易被考核等方面问题。国家能源局透露将于近期出台《风电场改造升级和退役管理办法》。结合内蒙古自治区实际,在有条件的地区,开展一批老旧风电场改造升级示范的研究,以新型高效大机组替代老旧小型机组,对风电场进行系统升级优化改造,提升风能资源、土地利用效率和经济性。

新型储能配套政策、管理体系研究

新型储能是内蒙古自治区实现"两个率先"的重要支撑,为促进储能规模化和高质量发展,需要研究储能价格机制、储能项目激励机制、审批并网流程、储能调度管理机制等配套政策、管理体系。探索推广独立共享储能模式,推进源网荷储一体化发展模式。

可再生能源就地直接利用研究

在工业园区高耗能企业、大数据中心等区域开展可再生能源替代研究,提高可再生能源消纳比重。研究"绿电+绿氢"模式,带动氢燃料电池汽车在矿山、物流、公交、环卫等领域示范应用。研究可再生能源与电蓄热锅炉、电热膜、石墨烯取暖器、空气源热泵等电采暖设施的结合,进一步推广可再生能源供热。

声 明

本报告内容未经许可，任何单位和个人不得以任何形式复制、转载。

本报告相关内容、数据及观点仅供参考，不构成投资等决策依据，水电水利规划设计总院、内蒙古自治区能源局不对因使用本报告内容导致的损失承担任何责任。

本报告中部分数据因四舍五入的原因，存在总计与分项合计不等的情况。

本报告部分数据及图片引自国家发展和改革委员会、国家能源局、内蒙古电力行业协会等单位发布的文件，以及 2022 年全国电力工业统计快报、中国可再生能源发展报告 2022 等统计数据报告，在此一并致谢！